成为销冠

业绩倍增的高效零售法

尚蔚 著

EFFICIENT RULES OF TOP SALES

机械工业出版社
CHINA MACHINE PRESS

每一位奋战在一线的零售人员都渴望快速成单、业绩倍增，成为自己所在门店或所在区域的销售冠军，获得顾客的认可和赞许，以得到进一步的职业升迁。本书基于作者近20年的零售职业生涯的积淀和提炼，面向零售业从业者，从日常工作中的真实问题和场景出发，为读者提供实战性地提升业绩的解决方法，梳理、总结业绩倍增的理论模型，从而帮助读者厘清认知结构和逻辑体系，提升业务能力，建立从业的自信心和自豪感，用高效的工作方法实现自我成长和快速发展。

图书在版编目（CIP）数据

成为销冠：业绩倍增的高效零售法 / 尚蔚著. —北京：机械工业出版社，2023.6

ISBN 978-7-111-73297-6

Ⅰ. ①成… Ⅱ. ①尚… Ⅲ. ①销售 – 方法 Ⅳ. ① F713.3

中国国家版本馆 CIP 数据核字（2023）第 100634 号

机械工业出版社（北京市百万庄大街 22 号　邮政编码 100037）
策划编辑：秦　诗　　　　　责任编辑：秦　诗　高珊珊
责任校对：贾海霞　陈　越　责任印制：郜　敏
三河市宏达印刷有限公司印刷
2023 年 8 月第 1 版第 1 次印刷
147mm×210mm・8.125 印张・1 插页・133 千字
标准书号：ISBN 978-7-111-73297-6
定价：69.00 元

电话服务　　　　　　　　　网络服务
客服电话：010-88361066　　机　工　官　网：www.cmpbook.com
　　　　　010-88379833　　机　工　官　博：weibo.com/cmp1952
　　　　　010-68326294　　金　书　网：www.golden-book.com
封底无防伪标均为盗版　　　机工教育服务网：www.cmpedu.com

赞誉

伊斯玛·德·蒙塔朗贝尔（Isma de Montalembert）
轩尼诗全球零售总监

本书作者尚蔚女士可能是目前我在职业生涯中认识的最专业的零售管理专家。我被她鲜明的个人风格、独特的领导能力和创新性的生意思路深深吸引。她最打动我的是，无论对待顾客还是对待员工，她始终把"以人为本"放在首位。她有一种能够读懂顾客内心的特异功能，能够从顾客的行为中解读出他们最真实的需求，并为顾客创造远超购买本身的、卓越的体验。本书中的 CEM 模型就是她成功经验的精华总结。推荐零售人通过学习本书来创造属于自己的成功案例。在零售的世界中，每一次相遇都是独特的，每一位顾客都是珍贵的，每一次体验都是难忘的。

**黄碧云 独立零售咨询、得到"黄碧云的小店创业课"
课程作者和主理人**

  细节是零售世界里的"王炸",细节可以成就业绩,也可以毁掉业绩。本书作者基于近 20 年在零售职业生涯的积累和沉淀,提出了一套在门店中创造高业绩的关键动作。每一个关键动作都是从细节出发,把大的工作要求掰开揉碎后进行细致梳理和重点提炼。从对每天工作时间的分类和计算到用"望、问、闻、切"一套功夫从细节处判断顾客性格类型,无不体现出作者的深厚功力。本书是零售人提升业绩的一把利器,值得每一位一线零售人认真学习。

**林之芃(Tiffany Lam)连卡佛(香港)市场营销副总裁,
香奈儿中国区原腕表和高级珠宝总经理**

  在无比广大的零售天地里,如果没有在一线摸爬滚打过的真实历练和战斗经验,就无法取得令人骄傲的战绩和拥有高光时刻。本书的作者尚蔚女士非常热爱零售,拥有丰富的零售经验、精彩的零售历程。她坚信零售的智慧需要从实践中不断地总结和提炼。《成为销冠:业绩倍增的高效零售法》一书中所写的内容就是尚蔚女士从多年实践经验中提炼出的一系列零售智慧。书中的每一个关键动作都有严谨的逻辑并且非常具有落地性,希望每一位零售人都能将这些零售智慧转变成自己的能力,在一线门店无往不胜。

**薛宏霞(Rane Xue)全球知名奢侈品品牌数据及数字化营销
副总裁、酩悦轩尼诗原全球华人业务高级副总裁**

  零售是一份直击灵魂的职业,让你直面自我。如果没有足够的诚实、热忱和能量以及不断学习的能力，就无法胜任这份如此全方位调动一个人的工作，而尚蔚女士是我有幸在奢侈品领域从业近20年生涯里见过的最具"零售灵魂"的职业经理人、创业者和布道者。现在她把这么多年的经验分享给大家，有理论、有实践、有案例，从"广度、深度、温度"重新打造我们对零售的体验，让我们对零售这个传统却又不断发展和创新的行业有了更系统和全面的认识，这些经验值得每一个热爱零售的一线零售人员和零售管理者好好领悟。

陈军 超级猩猩合伙人、亚朵酒店前联合创始人

在我之前和现在任职的企业里，"为顾客提供他们想要的客户体验"是超越对手和赢得顾客并最终占领市场的撒手锏。本书作者从近20年的零售实践经验中总结出来的CEM模型，无疑为顾客提供了他们想要的客户体验的完美理论。运用模型时的"黄金原则"和"灵魂三问"让我们完全能够站在顾客的角度去思考，实操性极强。期待每一位零售人和我一样，运用CEM模型，创造出顾客真正需要的客户体验，实现门店业绩的不断提升。

管齐军 盛时钟表集团副总裁

过去三年，零售行业正在进行着深刻的调整，每个零售人的工作都受到很大影响。宏观上，我们对未来要有信心，要相信人们对美好生活的追求能够有效支撑零售行业的爬坡过坎儿；中观上，我们要系统思考整个零售行业，并结合自己企业的实际，以客户为中心进行模式转型和营销创新；微观上，我们要修炼自己的实践能力。正如本书所讲的,要练好关键动作,如此才能不断突破自己,做出更好的业绩。这本书里总结的 CEM 模型、"望问闻切"识人法、讲故事和线上线下联动的种种高效零售的做法,来自成功实践,能指导更多零售人的实践,推荐阅读。

赵亮 万科印力上海商管中心总经理

本书是尚蔚女士集 20 余年奢侈品行业销售工作经验之大成,并有效结合新一代消费者的消费趋势,总结提炼出来的一本零售场景教课范本。从开篇帮你了解问题、分析需求、设定目标,一步一步带你走上场景式问题解决路径,在每个关键步骤,又设定了很多工具箱和模型,让你在困惑的时候,都有顺手的解决方案,同时又用了多个亲历的有趣案例,来证明这是个有效的通道。

通读整本大作,可以让每一位零售业从业人员对照自己的工作,找到方法。本书也在一定程度上反映了现代社会人群的心理特征、情感特征,同样适用于其他行业。在疫情之后,商业进入深度红海的当今,本书的面世犹如一股清流,在千头万绪的杂事中,指引我们走入一片蔚蓝的海洋,祝贺尚蔚女士!

傅瑜(Amy Fu) 上海稻知信息技术有限公司合伙人、
美国 Retail Technology INC. 原全球副总裁

如同店铺需要配备专业化运营设备和智能化管理系统,在店铺中要想取得好业绩,店员们需要具备与之配套的高级别的思维模式和工作方法。本书作者提炼出的一套经过大量实践验证的原创理论模型和运用方法,就是店员们用来武装自己的最强装备。

特别是其中的 CEM 模型与配套使用的"黄金原则"和"灵魂三问",就像一个能够精准洞察顾客内心需求的高清透视镜。推荐店铺销售们赶紧学以致用,冲刺业绩!

李锦泉 云南英茂集团董事、总裁

　　销售是企业经营中最惊险的一步,决定着之前的一切努力能否得到我们期盼的结果。把一个具体的商品销售给形形色色人群中不确定的个体,实属难中之难。作者在本书中总结自己的多年实践,把"高效"二字在门店销售的不同场景中剖析得淋漓尽致,通过先讲透逻辑再授予方法的形式,帮助读者全面地思考并掌握实现业绩突破的关键动作,引发读者重新反思销售的工作方法和管理模式,实为一本所有销售人员和销售管理人员在工作中突破瓶颈和提升业绩的必备读物。

李欣宇 欣新嗨创科技创始人、《突破创新窘境》作者

　　我和尚蔚女士的相识缘于多年前我写的一篇关于服务体验的文章。我们都深信以人为本才是商业世界解决问题的根本原则,尤其在零售领域,顾客更是永恒的核心,只有精准地洞察顾客真实需求,为顾客提供超预期的体验,才能持续创造佳绩。书中的 CEM 模型就是一个以用户为中心来提供体验的模型,其中的"黄金原则"和"灵魂三问"具有很强的实操性,能够帮助读者创造出具有品牌特性的用户体验,让用户从心驰神往到心定神安,到心动瞬间,再到心意暖暖,最后心心念念地离不开一个品牌,成为品牌的忠实粉丝和共建者。

晏茂华（Will Yan） 瑞福仕（上海）人力资源管理咨询创始人

你以为这本书她只是想写给零售从业人员，她却一把拽住了那些对零售有好奇心的"门外汉"；你以为这本书的场景只定格在那些或大或小的店铺里，她却直接打开了线上线下全域战场；你以为她只是要教你怎么"伺候"好你的客人，她却告诉你每天定时跟进"自己"，和"自己"开个会。是的，我以为她只是我熟识多年的一位零售高手，做好自己的本分，在职场升级打怪，她却想着造福整个行业，拥有伟大的梦想！显然，这是一本会让你惊喜的书，毕竟，尚蔚女士就是个不按常理出牌的"奇女子"！

王翊姗（Lizzy） 国际一线奢侈品牌零售经理、瑞士泰格豪雅腕表原零售经理

尚蔚女士是我在奢侈品零售行业的灵魂导师。她是一位精通一线需求且能持续创造业绩的资深零售专家。她特立独行，富有颠覆性和创造性，而且充满正能量，一直践行身先士卒在前线、言传身教在人心的理念。本书聚焦了真正高效做好零售的关键动作，从零售本质、高效运营、CEM模型、讲故事、"线上+线下"全域战场，到成为销冠之后的旅程，致力于帮你养成高效零售的工作习惯，用高业绩甩开竞争者，是一本帮零售人内外兼修的武功秘籍。

Efficient Rules of Top Sales | 推荐序一

很少有一本书系统地讲零售，原因大抵是一直以来人们认为从事零售行业的门槛不高，技术含金量低，而发展也有限吧。所以当尚蔚女士告诉我她准备将过往从事零售管理的经历和经验整理成书的时候，我满心敬佩。

对于零售，很多人的认知很传统。其实，随着近几十年来商业及市场环境的更新迭代、消费者消费意识与需求的不断演变和提升，零售不再是单一的卖货，更不仅仅是一种商业模式。正如书中所说，无论以什么样的业态呈现——大型商场、街边小吃摊、高端奢侈品店、各类网店等，零售正以前所未有的、多姿多彩的方式出现在我们的生活中。同时，零售所涉及的内容也日趋多样和明确：环境、产品、品牌、消费者体验、线上线下、沟通引导等，在这个过程中，消费者的关注点不再局限于商品本身，而开始在意获得商品的过程体验，更有甚者，体验本身也变成了商品。所以，零售真的是一门学问，它关乎心理、经济、语言和艺术。

作为资深零售人，尚蔚女士将其多年店铺管理经验、跟顾客打交道的经验、如何面对和缓解业绩压力以及自我提升的方式等，结合零售管理中重要的知识和技术系统地整理并归纳成了本书。我相信，这本书一定可以给很多正在从事这一行业或者想要从事这一行业的同人建议和启发。书中提及的那些她亲身经历的实践故事和每一个技术要点，虽然看似平常，但这些通过实践证明有用的经验和小窍门，能够帮助你将这个看似平平无奇的工作做得有声有色，同时实现个人的持续精进。

我特别喜欢本书第 1 章的开宗明义：零售工作的本质。对于工作，很多人的第一反应是养家糊口，这诚然没错，但即便是养家糊口，有的人可以让这份家业越来越丰厚，而有的人却永远在初级段位原地踏步，其中的影响因素有很多，比如机遇，比如勤奋，比如情商，比如知识技能等。但我认为，做好任何一份工作的基础是了解这份工作的本质。在我看来，了解并认可一份工作的本质，相当于拿到了今后面对各种挑战时手中的那把万能钥匙。就好像学数学，很多人往往关注如何解题，却每每潦草带过书中阐述的定律定理，因为这些定律定理看似真的简单到可以秒懂甚至秒记，所以它们往往被忽略而不能被真正吃透。其实，解题厉害的人一定是能根据那些定律定理举一反三乃至看出题目背后考点的人。所以，了解零售工作的本质并且认同它，对于想要在这个行业里长足发展的零售人来说至关重要。然后是技能。尚蔚清晰地概括了成功的零售人所具备的三大基本高能力：时间管理能力、沟通能力和抗压能力。这些能力看似很基础，甚至会被视为所有职场人必备的基本能力而显得毫无新意。但在特定的零售环境中，要充分发挥这些能力，就需要掌握特别的技术（本书中的关键动作），运用这些技术会带来不同的行为，进而产生截然不同的结果。对零售人来说，这些能力将直接决定他们的段位可以升到多高。

我们或多或少都有开心或者不开心的购物体验，而这种体验的大部分决定性因素是店员。所以，一名优秀的店员绝对能够让人觉得他是专家，他在为你着想，真心帮助你挑选最适合你的商品。事实确实如此，要成为一名优秀的零售人，必须对自己的商品乃至市场上其他品牌的商品如数家珍，并且能在短时间内快速挖掘出对面顾客的需求。前者是技术层面以及用功与否的问题，后者则关乎技巧。尚蔚女士归纳的"望、问、闻、切"将教会你快速地判断对面的新顾客并顺利与之建立连接。这种连接是为每一个顾客量身定做的，它的形成是水到渠成而非刻意为之的。

初见尚蔚女士，是在2018年的春天，那个时候我想在我的部门里建立零售学院，为集团旗下的多个品牌培养零售人才。我需要一个既精通零售又热爱培训的人来将这个愿景付诸行动，在和尚蔚女士聊了大概15分钟后，我已经被她吸引并且很确定就是她了，因为我看到了她讲述零售时眼里的光。今天，她将这些光变成了火种，去点燃那些热爱这个行业并愿意在这个行业里精耕细作、持续进步的同行。

作为在这个行业里工作多年的一员，我亲历了这个行业的发展，见证了无数年轻人的成长、蜕变以及成功。零售行业本身就像一所社会大学，不同的是，每一位来上学的人不需要经过高考就能开始学习。在这所大学里，每一个人都拥有同等的机会，可以不断晋级并实现自己的人生价值。祝愿你跟随这本书一起成长，努力追求成功和幸福！

马洁敏（Maggie Ma）
全球知名奢侈品集团人力资源高级副总裁

Efficient Rules of Top Sales | 推荐序二

  从事零售管理的同行也许都知道这两句话:"零售即细节"(retail is detail),"细节见神明"(god is in the detail),越是专业的人士越不会低估零售管理的高度和难度!早在半个世纪之前,某奢侈品品牌家族掌门人就道出了品牌的核心竞争力来自对供应链和渠道终端的掌控力,并因此制定了以直营店为主导的全球拓展战略。另一位奢侈品品牌掌门人则说过,我们不是产品营销者,而是梦想制造家,并邀请艺术家参与打造遍布全球的旗舰店空间。

  当品牌将其方方面面的成果皆汇总于零售终端,在竞争环境中构建所谓"人、货、场"的独特性、相关性及一致性时,其根本的使命在于信息和能量如何以专业的方式在终端场域及其客户界面得以精准传递及持续提升。达成交易的目的绝不仅仅是创造业绩，更重要的是让消费者与品牌建立起长期情感联结，从而实现品牌价值的循环共享及可持续发展。

拥有十数年知名奢侈品腕表、珠宝品牌零售管理和市场运营方面的积累沉淀，以及为酩悦轩尼诗-路易威登集团香水化妆品公司创建零售学院并多年负责人才发展的宝贵经验，尚蔚女士当然深知零售管理的挑战，《成为销冠：业绩倍增的高效零售法》这本新书的出版就是她与业界人士分享自己研究成果的善举，受邀为之作序我深感荣幸，并且，书名所透露出的理念深得我心。因为，追求效率才是品牌的宗旨所在，无论是让人过目不忘的设计，还是让人意犹未尽的体验，实际上都是品牌效率的体现。消费者心智中所形成的对于品牌的种种印象，不过是高效率的运营管理在客户端日积月累的成果而已。也正因为如此，效率低下始终是品牌管理尤其是零售管理最大的敌人。尤其在这个信息越来越碎片化的时代，以大局观和细节控制将设计思维落实于实操细则，需要的是对客群心智的深刻研究和品牌系统的自如操控。

显然，作为年轻一代优秀的零售管理专家，尚蔚女士深明其理、深谙其道，"高效零售"概念的提出，恰恰是对传统理论的创新与发展。细读本书，亮点突出，风格简洁，内容翔实，逻辑清晰，案例可鉴，模型原创，方法实用。作者以"顾客首先是'自然人'，然后才是消费者"的黄金原则为出发点，以高效的店务运营为底线，以"望、问、闻、切"等手段识别客户分类和激发消费欲望，以CEM模型来管理对客沟通和筛选最优方案，以微信等大众交互界面做好私域运营，同时活用虚拟工具，驾驭全域战场，从而实现无缝服务，满足个性需求……因为作者深信，只要始终坚持从零售的本质和顾客的角度切入思考，就必然能把握每一个行动方案背后的理由和逻辑，也就必然能做到高效零售、高速成单、高能转化、高倍增长。每一章中穿插的小测验是作者为有兴趣学习和运用本方法论的读者精心准备的礼物，也是对追求高效精神的又一有力注脚。

相信本书的面世，将为疫情期间经受了重大考验的零售从业者带来信心，为在后疫情时代建立全场景高效零售运营系统提供先进的理念和实用的方法，期盼尚蔚女士热忱分享的研究成果能够让需要它的人看到、使用并从中受益！

高峰

品牌管理咨询专家

爱马仕中国区前商务总监

葆蝶家中国区前总裁

上海倦鸟思林品牌管理有限公司董事长

前言 Efficient Rules of Top Sales

知之真切笃实处即是行,行之明觉精察处即是知。知行工夫本不可离。

——王阳明

你是一位零售人吗

我是一名地道的零售人,与零售的渊源可以追溯到在美国攻读 MBA 学位的时候。那时,我为了挣学费,在一家高级泰国餐厅做了一年的服务生。虽然很辛苦,我却干得如鱼得水。我几乎可以记住每一位熟客对菜品的喜好,能够让顾客每一次的用餐过程都很愉悦,我还会为他们准备惊喜。我在餐厅工作的最后一天,每一位熟客都前来餐厅用餐,以此和我道别。那时是在冬天,很多熟客在餐厅外面排起了队,我心里又激动又感动。我第一次深切地体会到顾客带给我的认可感和价值感。

回国后,我开始真正进入零售行业,在数年的实践中把自己锻炼成为零售战士。在商业模式无比丰富且持续更迭的今天,零售的定义已经远远超出了传统范围,已经不仅仅是传统概念中的百货商场、购物中心和精品店,还可以是咖啡店、护肤中心、宠物商店、美容美发店、俱乐部、健身房、美睫美甲店、汽车4S店、私人银行、酒店和餐厅,甚至可以是国际学校、专车和航空客机。我将这种广义的零售称为"泛零售",泛零售行业通常会具备以下三个特征。

- 拥有线下实体店铺和线上虚拟店铺。
- 重视顾客体验,通过专业知识和专业能力为顾客提供服务。
- 通过顾客服务和顾客体验来传播品牌和创造业绩。

如果你从事的工作中有以上三个特征,你就是泛零售行业中的一员,你就是一位零售人。也许你是柜台或店铺的销售人员、咖啡店的员工、宠物店的员工、俱乐部的销售顾问、健身房的教练或者是这几年因为冬奥会走红的滑雪教练;也许你是护肤中心的美容师、汽车4S店的销售顾问、美睫美甲店的技师、私人银行的销售顾问;也许你是房屋中介公司的销售人员、餐厅的服务员、专车司机、国际学校的顾问或航空公司的空乘人员……无论在哪个行业从事销售工作,你都能从书中找到让你业绩倍增的高效法则。

罗振宇先生在他的新书《阅读的方法》里讲什么样的书是真正能帮助读者付诸行动、产生行为改变的好书。他提到两条原则：第一，光有道理不行，得有具体的行动方案；第二，光教人怎么做不行，必须是作者本人实践过的行动。如果作者自己面对挑战、找到解决方案的"经历"很多，那么这本书大概率是个宝。

我读到这些文字的时候，心中非常激动，因为现在你手中的这本书，正是我不遗余力打磨后希望呈现给零售人的一个宝。书中所有内容都出自我多年来的亲身实践，其中的理论模型和方法步骤都是经过反复思考后总结提炼，并在实践中得到过成功验证的。这本书可以让你读完就用、拿来就使，能够帮助大家以更快的速度搭建从"知道"到"做到"的桥梁，带你达到在零售工作中的高效状态：高效成单，高倍转化，高速增长。

我的零售之路

我的零售职业生涯可以分为三个阶段。

第一个阶段是打基础的阶段。这个阶段有两个关键词：货品安全和专业知识。因为一开始接触的就是高单价的腕表品类，所以我在职业生涯早期就形成了高度的货品安全意识，对货品管理相当重视。当我第一次拿着一叠海关报关文件去上海浦东机场提货的时候，眼睛都不敢眨一下，一直紧紧地盯着那批价值几百万元的货品。我无数次亲自执行货品流通的每一个环节，非常清楚地知道哪些环节容易出问题，因此我能制定出细致严谨的全套货品管理流程。

高单价的腕表产品对销售顾问的专业知识有很高的要求。要想赢得顾客的信任，要想在价格战中取得胜利，我和我的团队就必须具备远远超出竞争对手的专业知识。我曾经无数次用专业知识赢得顾客的信任，让顾客拥有了最适合自己的产品。因为对专业知识有深刻的认识，所以我养成了要求自己保持高度专业的好习惯。在这个阶段，我为自己的零售职业生涯打下了扎实的基础。

第二个阶段是我在零售行业全方位快速成长的阶段。我开始负责从 0 到 1 创建品牌零售业务这个相当具有挑战性的任务。从新店选址，到与商场谈判；从带着施工队接手上一家店铺，拆除装修和测量地形，当总部设计师的眼睛，了解现场的每一个角落，到拿着厚厚的一摞图纸与总部设计师讨论店铺的设计细节；从与施工队合作完成店铺施工和装修，到与 HR 一起招聘员工，与员工一起开新店；从管理全国的零售业务，到员工销售技巧培训和日常的现场辅导，我把品牌零售管理全链路从头到尾的每个环节都躬身入局地经历了一遍。

每年超过 220 天的出差，每天晚上 10 点闭店之后的忙碌复盘，每年预算季无数稿的预算提案和无数次的预算会议，大型活动的业绩指标带来的巨大压力，让我的业务管理能力在这个阶段得到了快速提升。我曾经和我的团队在举办大型活动期间每天只睡三四个小时，白天在活动现场穿梭奋战，晚上在酒店房间里调整计划和演练流程。

同时，在团队管理方面，我懂得了如何因材施教，如何打造团队凝聚力，如何建立学习型团队，如何进行有温度的管理，如何建立一个相对公平和安全的环境，尤其是如何帮助员工打开眼界、增长见识，提升自己的价值。

第三个阶段是职业生涯从量变到质变的阶段。在这个阶段我开始服务品牌的超级 VIP 顾客群体，让我在顾客体验的管理方面有了深层次的思考和创新性的实践。我曾经用一块瑜伽垫真诚地打动了顾客，这位顾客从此成为品牌的忠实 VIP；我曾经陪伴来投诉的顾客长达 6 小时，最终这位顾客邀请我到他家里享用他亲自下厨制作的家宴。同时，我在品牌管理能力方面也上了一个新台阶，我深切地体会到什么是品牌的号召力，学习如何坚持和传承品牌独特的价值，如何让品牌文化成为顾客的信仰。

在常年对零售不断深入地实践和钻研后，我萌发了更强的使命感，我的内心产生了两个强烈的愿望。第一，我希望零售人能够抛开社会公众对这份职业片面的理解和不匹配的评价，从零售工作的本质去认识和理解自己每天做的这份工作，真正地感受到这份工作的价值，从内心产生从业自信心和从业荣誉感。第二，目前市场上相关的书籍多数注重的是操作层面的技术和技巧。在当下复杂多变的零售环境中，对技巧的生搬硬套解决不了问题，只有理解了事情背后的原因，才能对方法和技能运用自如。我希望归纳和提炼出一套适用于零售工作场景的系统方法论，让大家先从底层逻辑去理解自己每天做的这份工作，再落地到实践中去运用方法和技能，帮助大家有的放矢地完成每一天的工作。

我带着这两个愿望帮助了服装、香化、教育、酒店、旅游、银行等不同领域的零售人。"成就别人，精进自己"成为我的座右铭。当学员在参加了我的培训后重拾对这份工作的热爱，再次发现这份工作的价值时；当学员参加了我的培训后，通过学以致用达成了业绩目标，突破了业绩瓶颈时，我收获了满满的价值感，也收获了成长的喜悦。

这两个愿望也成为我写这本书的巨大动力，让我在一次次冥思苦想和咬文嚼字中持续前行。在零售环境越来越具挑战、零售边界越来越广的当下，愿这本书可以带给每一位零售人精神上的信心和实操上的智慧。

如何阅读本书

在读这本书的时候，建议你先阅读第1章和第2章，先透彻理解零售工作的本质和高效零售的基础。所谓知其然，更要知其所以然，这两章就是起到知其所以然的作用。然后你可以根据自己目前的需求优先级，在第3章到第6章中选择最匹配你需求的内容来阅读，比如，如何把新客转化为潜客？如何通过讲故事让独自来逛街的顾客购买产品？如何提升自己加顾客微信的能力？如果往零售管理方向发展，会面临什么挑战，应该如何应对？当然，如果你按照本书的章节顺序逐一阅读，你将会感受到我写作此书时的思路并发现每个章节之间千丝万缕的联系，也不失为另外一种阅读体验和学习乐趣。

为了帮助你更高效地阅读和学习，我在各个章节中的关键之处设置了小测验，让你在阅读的时候适当暂停，进行思考，对照自己目前的工作习惯，检视自己现在的行为方式，并进行记录。每一章的最后一个小节是我精心设计的强化练习，将帮助你把本章节的关键知识点融会贯通，进行全面的综合运用。同时，我在本书中使用的流程和表格，都是实操性极强的工具，你可以直接运用于工作中。

在零售这个行业一路走来，我遇到了无数优秀可爱的零售人，他们认真勤奋地对待着每一天的工作。现在很荣幸以这样的方式认识更多的零售人，分享我一直信奉和践行的高效零售工作法，展示更广阔、更高阶和更有温度的零售，希望这些内容能够启发更多志同道合的伙伴。因为是第一次写书，难免有疏漏之处，欢迎批评指正（我的电子邮箱是：celia_shang@163.com），非常期待与更多的零售同人进行交流，用更多的实践案例来丰满这本书之后的版本。

愿每一位零售人在辛勤付出后，收获来自这份工作的成就感、幸福感、认同感和价值感；愿每一位零售人在一个更温暖和更愉悦的环境中，从容、优雅和智慧地做好这份工作。每一天都是这样，每个月都是这样，每一年都是这样，一直这样为自己的初心和热爱努力下去。

让我们即刻启程吧！

Efficient Rules of Top Sales ｜目录｜

赞　誉

推荐序一

推荐序二

前　言

01　**第 1 章　零售工作的本质**　　　　　　　　　1

你每天在做的是一份什么样的工作　　　　2

什么是高效的门店零售　　　　　　　　　7

02　**第 2 章　高效零售的基础：高效店务运营**　　13

要业绩，先做好店务　　　　　　　　　　14

高效店务运营的四个要素　　　　　　　　20

每天和自己开个会　　　　　　　　　　　30

每天定时跟进自己 35
什么事情要先做 40
如何处理突发事件 45
高效店务运营，赢得时间 52

03 第 3 章 高效零售的关键：CEM 模型 61

什么是 CEM 模型 62
CEM 模型的原则和工具 70
应用场景 1：把游客变成潜客 76
应用场景 2：把潜客变成新客 81
应用场景 3：把新客变成忠诚客 86
应用场景 4：把忠诚客变成 KOC 92
用 CEM 模型管理好全部顾客 100

04 第 4 章 高效零售的催化剂：会讲故事 109

认知自我性格 110
不同性格类型的特征 114
判断顾客的性格类型 117
讲故事的本质 125
场景 1：顾客给伴侣买礼物，如何讲故事 127
场景 2：母亲和孩子一起购物，如何讲故事 131

场景 3：闺密一起购物，如何讲故事　　135
场景 4：顾客给自己买东西，如何讲故事　　139
场景 5：在机场店铺，如何讲故事　　143

05　第 5 章　高效零售的战场："线上 + 线下"的全域战场　　161

竞争白热化的虚拟战场　　162
打造专业的线上人设　　164
提升自己的加微段位　　169
朋友圈发圈策略　　177
线上顾客沟通攻略　　183
驾驭"线上 + 线下"的全域战场　　191

06　第 6 章　成为销冠之后　　203

零售人的职业发展路径　　204
选择零售管理方向，你需要做好什么准备　　208
选择专业进阶方向，你需要做好什么准备　　216
选择零售培训方向，你需要做好什么准备　　221

后　记　　227

致　谢　　230

第 1 章

CHAPTER 1

零售工作的本质

Efficient Rules
of Top Sales

你每天在做的是一份什么样的工作

诚实地说，很多人对零售行业从业者普遍的认知和理解是不全面和不公平的。上了年纪的人把零售人叫作"营业员"，当下的年轻人把零售人叫作"柜姐"。从这样的称谓中，你能感受到大众对零售这份工作的看法和倾向。

多数人可能认为零售这份工作的主要内容就是简单地为客人介绍产品，回答客人的问题，帮助客人找货品，有点档次的会为客人包装一下产品。从工作性质上，他们倾向于认为这是一份门槛不高的工作，不需要太强的能力，也没有太高的技术含量，应该是一份人人都可以做的工作，甚至是一份不怎么上得了台面的工作。

这种不正确但是很普遍的认知和理解从方方面面影响着这个行业的从业者，使得从业者很难从这份工作中体会到成就感和价值感。

随着奢侈品消费的兴起，高大上的工作环境、销售顾问精致的妆容形象、品牌专属的定制工服、店内售卖的价格昂贵的产品，似乎让大家觉得零售这份工作"高级"了一些。不过，人们内心对这个行业的认知并没有改变多少，原有的观念仍然根深蒂固。

很多人对零售行业有这样的认知,是因为他们完全不了解这份工作的本质,他们不知道店员在每天的工作中:

- 需要面对多少业绩压力。
- 需要处理多少繁杂的事务。
- 需要面对多少需求各异的顾客。
- 需要完成多少关键绩效指标(Key Performance Indicator,KPI)和报告。
- 需要接受多少培训与考核。
- 需要进行多少销售演练。
- 需要记忆多少产品知识。
- 需要熟练操作多少工作流程。

上面任何一样做不到位,都会直接影响零售从业者的收入和发展。如果这样的描述还是无法让大众真切地感受到这份工作的难度和挑战,那么我提一个我在零售行业认知公开课上常问的问题:在30分钟内,成功地让一个你完全不认识的陌生人购买一件价值几百元、几千元、几万元甚至十几万元的产品,你能做到吗?

通常在问出这个问题之后,听众们会开始思考,并用正确的眼光来重新认识零售这份工作。绝大部分听众会发现自己并没有充足的信心来完成这个挑战,有些人甚至觉得自己是不可能做到的。然后，我会带领大家开始讨论如果要完成这个挑战，需要具备什么样的技能。当听众们真正理解到做好零售这份工作的挑战和不易，大家开始对口中的"营业员"和"柜姐"产生了敬意。

做好零售这份工作，需要具备三个"高能力"。

1. 第一个"高能力"是高超的时间管理能力

零售这份工作对从业者的时间管理能力有特别高的要求。每天从开店到闭店，店铺工作的节奏非常快，零售人每天在店铺里要做很多繁杂的店务工作，如清洁、陈列、收货、订货、盘点、内审等，在执行时要做到事无巨细和事必躬亲。更有挑战性的是铺天盖地的产品知识、KPI 和竞品动态。与此同时，店铺中经常会出现计划之外的新问题，需要随时按需调整工作安排。因此，零售人在工作时必须具备高超的时间管理能力，拥有良好的计划性和条理性，做到快速决策和持续专注，灵活应对变化，合理安排工作。喜欢按部就班和稳定工作环境的人是难以胜任这份工作的。

2. 第二个"高能力"是高级的沟通表达能力

俗话说："店门一开，来的都是客。"零售人要面对的"客"可不单单是来购物的顾客，还有商场的楼管和领导、相关监管部门的人员、前来参观和学习的同行，以及时下受到网友关注的各路网红博主。

零售人必须具备准确的表达能力和娴熟的沟通技巧，做到在任何不同的场景下都能与别人顺畅沟通。就以来购物的顾客举例，虽然顾客的需求五花八门，有时候甚至是千奇百怪，但零售人都要以最饱满的状态和最热忱的服务去接待每一位顾客。有时候，即使内心已经风起云涌，依然要轻声细语地问候、和颜悦色地服务，努力用自己的洞察能力了解顾客需求，用专业知识让客人满意而归。人与人之间的沟通恐怕是这个世界上最复杂的事情，我们日常生活中做各种简单沟通都会状况百出，更不用说在顾客带着期待来店铺寻求服务和购买产品的时候，零售人需要拥有堪比王熙凤的八面玲珑的沟通能力。

3. 第三个"高能力"是高度的承压抗挫能力

如果大家觉得前面两个"高能力"可以通过一些具有针对性的培训加以提升，那么最后一个"高能力"肯定会让很多人望而却步。对每一个零售人来说，来自销售业绩的压力是一种摸得着、看得到的压力，是一种在店铺的每一个角落都能体会到的压力。每一天营业结束的时候，每一周的最后一天，每个月的最后一天，每一年的最后一天，无论当天的业绩有多好，只要当天23点59分59秒一过，所有数字全部归零，一切从头开始。你还没来得及沉浸在当天达成和超出业绩目标的喜悦中，新一天的业绩指标已经如期而至。我觉得这才是"过往皆为序章"的最真实写照。

这种高度承压抗挫的能力要求零售人在巨大的业绩压力下始终保持积极向上的心态和乐观敢拼的精神。我之前带领的一家店铺发生过这样一件事情。在一次活动的最后一天，该店的业绩指标还差15%没有完成。这个活动是这家店铺重新开业后的第一场活动，公司从上到下都寄予厚望，同行们也都在关注。在这样的重压之下，店经理带领店员一直奋斗到闭店的最后一分钟。在闭店前10分钟，他们接待了一位前来询问洗手间位置的顾客。因为团队的周到服务和专业精神，这位顾客居然购买了三只腕表，从而使这家店铺在闭店前超额完成了这次活动的业绩指标。

当天晚上，我和店经理通电话时，我们在电话两头激动得热泪盈眶。这不仅仅是因为店经理带领团队完成了一个原本看似不可能完成的任务，更是因为整个团队在重压之下坚守信念、努力拼搏，创造了一个奇迹。这就是零售人"超级能抗压，敢逆袭翻盘"的最佳案例。当你扛下了别人扛不住的巨大压力，你的坚韧和顽强自然就会增长成倍。

零售这份工作需要从业者具备的这三个"高能力"，使得这份工作并不是人人都能胜任的。我遇到过很多在零售岗位上工作了超过 15 年的零售人,他们每天在门店的工作时间 8 ~ 12 小时不等。不妨思考一个问题,为什么我们投入生命中如此多的时间去做一件事情?每一次在课堂上,我问学员,你们是为了钱在做这份工作吗?大家都清一色地回答"不是"。那是为什么呢?大家回答,是因为对这份工作的热爱。确实如此,是因为大家从这份工作中感受到了价值和意义,是因为这份工作给我们带来了认同感和成就感。顾客的每一句"你推荐的我相信"就是对我们这份工作最有分量的认可。否则,我们如何能在每一个别人都在众乐乐的节假日,放弃陪伴家人的机会,在店铺里敬业地迎来送往,成就无数顾客的欢乐时光呢?

每一个在一线打拼的零售人都应该清楚地认识到自己这份工作的本质和难度,明确这份工作对能力的要求和挑战。只有这样,你才能明白这份工作的价值和意义,才会懂得这是一份可以让自己引以为豪的工作。

什么是高效的门店零售

在零售一线长期摸爬滚打之后,我深知这份工作的辛劳和挑战。零售人在工作时基本都处于站立和走动的状态,如果是几层楼的店铺，每天微信运动记录的步数在一万步以上是很常见的。每天持续站立或走动 8 ～ 12 小时对体力有相当高的要求。我记得我刚开始在店铺工作的时候，每天下班后小腿都十分酸胀，有一种强烈的身体向后倒的感觉。当时，我每天回到家都要用热水泡脚，一周以后才逐渐适应。

除了体力，这份工作对脑力也有不一般的要求。你要开动脑筋做好下面三类事务。

- 第一类是需求洞察。零售工作要求从业者具备敏锐的洞察力，不断通过观察和倾听洞察对方的需求。你在工作中要洞察的不仅仅是顾客的需求，还有团队同事的需求、商场方对接人员的需求、上级主管的需求以及自己的需求。

- 第二类是店务运营。店铺里每天的事务千头万绪，待办事项能写一长串，还经常需要调整。这就要求店员有清晰的工作思路，能做出快速准确的判断。店务运营与你的业绩目标息息相关，这一点我会在第 2 章中进行详细的论述。

- 第三类是团队合作。店铺团队就像一支足球队，一定会有明星球员和得分手，助攻手和守门员也不可或缺。每一个销冠都离不开团队中其他同事的协助和支持,比如在销售过程中的辅销工作和在大型活动中的后勤工作。虽然每家店铺只会有一个销冠,但是店铺里的每个人都有机会成为销冠。良好的团队合作是每家店铺在每一天的工作中都必备的。

零售这份工作既是一份体力活,更是一份脑力活,你需要综合运用自己的体力和脑力来做好这份工作。最关键的是要持续提高工作效率,也就是实现高效零售。零售人要先树立高效零售的意识,通过持续精进来掌握高效的思维方式和工作方法,并把这种高效体现到工作中的方方面面,从店务运营到接待顾客,再到提供体验,最后到线上销售。

高效零售是我一直提倡和践行的零售工作的核心思想。为了让大家更直观地理解高效零售,我给大家举一个例子。很多人应该都去过或听说过萨莉亚餐厅,这是一家来自日本的连锁西式餐厅。萨莉亚餐厅的菜品价格很亲民,例如,意大利面的价格是 10～20 元,比萨的价格是 18 元起,饮料是 8 元无限续杯。让人惊讶的是,虽然菜品的价格这么亲民,但萨莉亚餐厅的利润率在 2019 年超过了必胜客,2022 年的利润达到 56.6 亿日元,是 2021 年同期的 3.2 倍。⊖

⊖ 资料来源:逆势增长公司 | 超级平价、零营销,这家日本人开的西餐厅疫后利润翻了三倍 -36 氪 https://36kr.com/p/1977064682334852。

萨莉亚餐厅非常重视店务的高效运营，很早就开始采用中央厨房模式，门店只需要把中央厨房配送来的半成品简单加工一下，就能送到顾客的餐桌上。这种模式不仅可以节约后厨面积，让餐厅布置更多的餐桌，还能加快上菜速度，提高翻台率。

萨莉亚有一个专门的团队负责研究如何通过优化门店日常运营的各个细节来提高运营效率。例如，他们会去市场上寻找加热速度最快的铝锅，这样就可以把焗饭的平均加热时间缩短2分钟，也就是说每家餐厅可以提早2分钟把焗饭送到顾客面前。这个团队还发明了番茄切割机，这种机器可以一秒切好一个番茄，大大缩短了以番茄为原料的菜品的制作时间。

萨莉亚餐厅要求服务员不使用托盘上菜，因为经过测试后发现用手直接端盘子上菜比使用托盘上菜平均快8.6秒，这可以加快菜品到达顾客餐桌的时间。为什么萨莉亚餐厅要一个劲儿地加快菜品送上顾客餐桌的速度呢？因为这不仅能让顾客获得更好的用餐体验，还能提高每一张餐桌的翻台率。当每一张餐桌被使用的次数增加了，餐厅的业绩自然就提高了。

萨莉亚餐厅的这个例子从日常店务运营这个方面充分地展示了高效零售的魅力。店务运营效率与业绩产出之间关系紧密。不断提高店务运营效率,能够直接帮助店铺提升业绩。萨莉亚餐厅的例子深刻地说明了"效率就是业绩,效率就是金钱"。

为了帮助你深入地学习如何在零售工作的各个方面来实现高效零售,我将在本书中通过以下四个版块的内容来解释和阐述。

- 高效零售的基础:高效店务运营。
- 高效零售的关键:CEM 模型。
- 高效零售的催化剂:会讲故事。
- 高效零售的战场:"线上+线下"的全域战场。

我希望通过这本书为大家打开一个洞察门店零售工作的新视角,开启一段重新认识门店零售工作的新旅程。接下来,让我们进入第 2 章,开始学习高效零售的基础:高效店务运营。

2

CHAPTER

第 2 章

高效零售的基础
高效店务运营

Efficient Rules
of Top Sales

要业绩，先做好店务

每天在店铺工作，你想到的第一要事肯定是接待顾客和做生意，创造尽可能多的业绩，这是零售人的天职。现在，我想和你一起来探索完成这个天职的重要基础——高效店务运营。我们如果不把这个重要的基础打好，就会直接影响到自己的业绩。在第1章中，我讲到萨莉亚这家连锁餐厅对店务运营效率的极致追求，现在我和你一起来解析其中的逻辑和奥秘。

在多年的零售职业生涯中，我看到太多员工在店铺里的工作状态是低效的，甚至是无效的，例如：

- 给公司陈列部的同事打电话，反复沟通陈列道具的使用方法和当季的陈列要求。
- 从店铺打电话给今天在家休息的同事，询问店铺的某样东西放在哪里。
- 从店铺打电话给其他门店的同事，询问上周调的货为什么还没有送到。
- 与柜台维修服务供应商就某个柜台维修事项进行多次的沟通确认。

大家对这样的场景一定不陌生，它可能昨天就发生在你的店铺中。我们很少会花时间去认真反思，导致这些场景貌似很正常。其实这些习以为常的场景是非常需要被改变和优化的。

上面的这些场景，其实也可以是这样的。

- 请陈列部的同事提供陈列道具的明细清单、使用说明（最好附上图片并标注型号）和当季的陈列指导手册，提前学习，把不清楚的地方标出来，用最少的时间与陈列部同事沟通，完成陈列工作。
- 店铺里有明确的店务分工清单和物品摆放清单，店铺里每一位同事都能快速准确地找到自己需要的物品，不需要在这种事情上花费多余的时间。
- 店铺里有明确的信息交接流程和交接平台，以确保物流信息在团队中是同步的。店铺里每一位同事都能独立完成物流信息的查询和跟踪，不需要花时间去询问其他同事。
- 店铺里有明确的柜台报修流程和报修模板（附有清晰的操作说明），店铺里每一位同事都能独立高效地按照要求完成报修流程，花最少的时间与提供维修服务的供应商完成沟通。

通过这样的对比,你肯定发现了一个关键词——时间。你每天在店铺里的工作时间是固定的,如果你在店务上多花了时间,那么你能用来做业绩的时间就变少了。这其实就是萨莉亚餐厅在店务运营上追求极致高效的根本原因。

我把每天在店铺里做的事情大致分为三类:第一类是接待顾客和做生意;第二类是与做生意直接相关的事情,也就是为生意做准备的事情,比如打回访电话、邀约顾客、整理顾客资料等;第三类是店务工作,如店铺清洁、仓库整理、费用报销、完成报告等。

每天的工作时间是有限的,在这三类事情上花费的时间占比会直接影响你的业绩。你一定要尽量把时间用在第一类或第二类事情上,同时,要努力实现花最少的时间完成店务工作。不高效的店务运营会在不知不觉间占据和侵蚀本来可以用于接待顾客和做生意的时间。缺乏效率的工作状态会让你每天觉得工作很忙乱,跟进很盲目,情绪很茫然,这样的状态必定会影响业绩。因此,做好生意的前提就是维持高效店务运营,从而释放出更多的时间去接待顾客和做生意,创造更多产生业绩的机会。

我在之前的零售管理工作中,会定期对店员的工作时间的分配进行统计和分析,找出占用店员工作时间多的店务事项,在这些事项中寻找可以提高效率的环节,然后对这些环节中的相关工作流程进行优化，从而让店铺员工可以花最少的时间完成这些店务事项，有更多的时间去接待顾客和做业绩。

刚开始做这个统计工作的时候，店员在日常工作中用于第三类事情的时间占比为 45% ～ 60%，也就是说，店员在日常工作中只有 40% ～ 55% 的时间用于第一类和第二类事情。在最极端的情况下，店员在日常工作中有 60% 的时间都没在做与业绩直接相关的第一类和第二类事情，他们如何能把业绩做好呢？没有足够的时间去做业绩，就丧失了做业绩最基本的前提条件，店员就算有最优秀的销售技巧，也没有机会发挥，英雄无用武之地，业绩必定会受到限制。

下面这个例子可以让大家深入理解高效店务运营如何带来业绩的增长。例子中的事情发生在我之前管理的一家店铺中。在对一个货品相关的流程进行了梳理和优化后，每一位店员都拥有了更多的时间来接待顾客，从而带来了业绩的提升。

最优秀的"业余"快递员

我发现，在每个季度的固定时间去某几家店铺，基本上在卖场是看不到店员的。他们都去哪里了呢？他们都在店铺后仓收货、验货和发货，不见天日地埋头苦干。让我惊讶的是，店员对快递包裹的尺寸和重量的目测能力已经达到了炉火纯青的程度，他们用眼睛一看就知道需要用多大尺寸的纸箱来打包，用手一提就知道包裹大概的重量。而且，他们这样目测出来的结果与专业快递员最终的打单结果八九不离十。

　　我看着他们真是又爱又气，爱的是他们的认真负责，气的是他们忘记了自己最重要的本职工作是接待顾客和做生意。于是，我开始带领店经理寻根溯源。为什么会出现这样的季度性的特殊时期呢？原来每个季度新品发货的时候，几个一线城市的重点店铺会成为新品的集散中心，新品会先在这几家店集中，再分发到其他店铺。

　　为什么要把重点店铺作为新品的集散中心？为什么仓库不可以直接发货呢？最终，我们发现背后真正的原因是仓库人员不具备验收新品的能力，需要重点店铺里有经验的同事进行新品的验收，验收完成之后，新品就直接从重点店铺发到其他店铺。找到了这个根本原因之后，我帮助仓库解决了仓库人员不具备验收新品能力的问题，重新梳理和制定了新品的发货流程，把这项工作90%的工作量都转移到了仓库，让店员只花最少的时间参与最必要的流程和环节。通过这个优化，在每个季度发新品的时间段，店员在卖场接待顾客的时间增加了35%，业绩增长了26%。

　　因此，高效店务运营，高效地完成店铺的基本运营工作，是做生意的关键前提和重要基础。然而，这个关键前提和重要基础却经常被忽略。很多店员都不喜欢店铺中的各种操作流程和规章制度,不愿意耐心地去仔细阅读和理解它们,但仅凭同事的口口相传和自己以往的工作经验去做事,就会导致各种低效的、从忙乱到盲目再到茫然的工作状态。

看到这里,你可能会说,店铺里的很多操作流程和规章制度过于复杂冗长,看起来很费劲,很难理解,有些还不具备可操作性。确实,这样的状况在我多年的工作经历中比比皆是,有的店铺的各种标准操作流程(standard operation procedure,SOP)对店员很不友好,既不匹配使用场景,也不考虑使用效率,甚至有些还容易产生歧义和误解。店员觉得不好用,自然也就不用了。

关于如何制定有效和实用的店铺运营规范,确实是一件值得探讨的事情,我还为此特意提炼了"六把尺子"模型,可以在今后分享给大家。现在我们首先要理解的是高效店务运营的重要性,我们必须在工作中建立这样的意识和思维,时刻提醒自己要通过提升工作效率来提高工作内容的精准性,优化工作安排,从而让自己有更多的时间去接待顾客,展示品牌特色,为顾客创造超预期的体验,最终产生令人满意的业绩。这样可以让你自信地把工作保持在自己的节奏里,聪明并从容地做好每一项店务,接待好每一位顾客,做好每一笔生意,对自己的工作充满信心和热情。

◎ **小测验**

请你回顾一下自己最近一周每天在店铺的工作内容和工作时间：每天工作时间共 _____ 小时，其中用于接待顾客（第一类事情）的时间是 _____ 小时，占工作时间的 _____ %；用于为生意做准备（第二类事情）的时间是 _____ 小时，占工作时间的 _____ %；用于店务工作（第三类事情）的时间是 _____ 小时，占工作时间的 _____ %。

你需要努力把用于店务工作的时间占比控制在 20%～30%，剩余时间都应该用在第一类和第二类事情上。如果你对计算出来的数据并不是很满意，那正好，接下来和我一起来学习如何让自己每天拥有更多的时间去接待顾客和做业绩。如果你计算出来的数据还不错，那不妨更上一层楼，继续寻找可以帮助你释放更多的时间去接待顾客和做生意的机会点。

作为一个优秀的零售人，业绩是没有上限的。业绩没有最高，只有更高！

高效店务运营的四个要素

你现在已经理解了高效店务运营可以让做生意的时间

最大化,从而直接促进业绩提升。接下来,我们通过深入研究店务工作的内容,来得出实现高效店务运营的具体操作方法。

我把日常的店务工作概括归纳为四个要素——**店、货、销、人**。想高效做好店务,你需要紧紧围绕这四个要素来思考和行动。

1. 店

"店"这个要素包括店铺的清洁规范、安全规范、陈列规范、商场的行为规范和店铺需要遵守的相关的法规制度等。高效做好"店"这个要素的具体表现如下。

- 对店铺清洁的要求和规范非常明确,每天可以在最短的时间内完成这项工作并达到要求。
- 对店铺形象和陈列的要求和规范非常明确,知道在哪里可以找到正确的陈列指南,每天能够在最短的时间内完成这项工作并达到要求。
- 对商场的行为规范和规章制度非常清晰,并能及时和准确地执行。
- 能及时发现店铺内可能存在的安全隐患,快速向上级反映,并采取相应的防范措施。

通常情况下,"店"这个要素涉及的事项多是店铺销售一知半解的事项,大家都不太重视,很少有人会花时间去认真研究,大部分店铺销售顾问对待这个事情的态度都是"知道个大概就行了,反正还有其他人,不行就去问问别人"。

为什么我们要做花时间做好这些事情呢?你和你的店铺同事一定有过下面类似的经历。

- 因为清洁没做到位或陈列做得不符合要求,被店长批评,然后返工重做(耗时约为 10～15 分钟)。
- 因为客人在店铺发生了安全事故,直接影响到当时店铺的现场销售和人员安排,之后店长和店员需要持续投入时间和精力跟进和解决(耗时为几天甚至几个月)。
- 因为没有正确执行商场的规范,被商场要求去参加培训学习并进行考试(耗时为 2 小时到半天不等)。
- 因为对监管部门的检查要求不清楚,在监管部门检查时没有方向,找不到正确的跨部门人员进行对接,越忙越乱(耗时几个小时或几天)。

试想,在这些场景下,如果我们能提前做好准备、做足功课,一次性把店铺清洁和店铺陈列做到位,提前把可能引发安全事故的隐患消除，正确执行商场的规范，高效地接受监管部门的检查，我们就能把很多个这样的"10～15分钟""2小时到半天""几天甚至几个月"的时间用在真正与业绩相关的事情上，用在接待顾客和做生意上。因此，投入时间和精力把"店"这个要素涉及的事项搞清楚、做好了是非常值得的，这样的投入可以极大地提高店务运营的工作效率。

小测验

我们一起来计算一下，如果因为工作效率的提升，每天可以从"店"这个要素的相关事项中释放出20分钟用来接待顾客，那么我们每天可以多接待几位顾客呢？你可以用自己的平均成交率和平均客单价计算一下，看看可以带来多少业绩。

（1）按照每周工作6天计算，20×6=120（分钟），你每周可以多出120分钟用来接待顾客。

（2）你接待一位顾客的平均时间为____分钟，120分钟能接待____位顾客。

（3）你的平均成交率是____%，这样一来就能多成交____单生意。

（4）你的平均客单价是____元，这样一来就能增加____元的业绩。

当然，现实中的店铺里的工作并不是简单的算术题，我只是希望用这种最直观的方式，让你理解其中的逻辑和能带来的结果。

2. 货

"货"这个要素包括货品的安全、货品库存管理、与货品相关的 SOP 等。高效做好"货"这个要素的具体表现如下。

- 每天能够快速准确地完成货品点数的流程，每月能够快速准确地完成盘点的流程，以确保店内的货品数量无误、状态良好。
- 对于高单价产品，要具备良好的防范意识，保持高度的警觉，确保货品安全，杜绝偷窃事件。
- 熟悉各类货品（正价商品、赠品、小样）的库存数量和存储位置，能够在最短的时间内找到需要的货品。
- 能够快速准确地执行货品进销存的流程步骤，如进货、换货、退货、调货、维修等。
- 清楚店铺仓库的收纳规则，能够快速准确地完成货品的整理。

第 2 章 高效零售的基础：高效店务运营

如果我们能够快速准确地完成货品相关流程，就可以节约出时间来做生意。如果我们熟悉各类货品的数量和位置，就能够快速找到货品并进行结单，这些好处是显而易见的。

我想特别强调的是货品安全。在店铺十分繁忙的情况下，这件事情特别容易被忽略。但是，我们工作越忙碌，就越要重视这件事情，否则就会发生"白干一场"的情况——挣来的销售奖金都用来赔偿店铺丢失的货品了。尤其是单价高且体积小的货品品类，如高级珠宝和手表，不法分子经常会在节假日期间"行动"，因为这个时候店铺很忙，客流大，生意好，店铺销售们往往会放松警惕。我管理过的一家店铺在一个元旦销售旺季期间，就有坏人企图把一支价值十几万元的腕表调包。因为我一直非常强调货品安全，店员们都具备很高的警惕性，所以成功地识破了坏人的企图，阻止了事情的发生。后来，我们复盘的时候，店员们都觉得很后怕，对货品安全更加重视了。

试想，如果坏人真的得逞了，除了要对丢失的货品进行赔偿，店里每一个相关人员都要花费无数的时间和精力去配合事件的调查和处理。同时，这个事件给店员带来的心理阴影和心理压力也必定会对之后的销售工作产生严重的负面影响，这对店铺来说将会是一个重大的损失！

3. 销

"销"这个要素涉及和销售道具相关的一切规则，比如销售道具的使用规范和操作方法、库存数量和状态、销售相关 SOP、促销活动的规则和操作流程等。高效做好"销"这个要素的具体表现如下。

- 掌握销售道具的使用规范，知道在什么时候使用何种销售道具。
- 能够熟练地独立操作和使用销售道具，例如，能够正确使用肌肤测试仪为顾客测试肌肤状态，能够正确使用超声波清洗仪为顾客清洗饰品。
- 清楚销售道具的库存数量和收纳位置，能够快速准确地找到需要的销售道具，例如，知道购物袋和包装丝带的收纳位置、节日礼盒的具体数量和收纳位置。
- 对于有证书和保卡的产品，知道每件产品所配套的保卡和证书的明细及其收纳位置，并能在最短时间内找到它们。
- 能够快速准确地执行销售相关的流程步骤，如买单、退单、每日开账、每晚结账等。

第 2 章　高效零售的基础：高效店务运营

- 清楚店铺或商场正在进行的促销活动的规则，能够快速根据顾客的需要提供信息并进行操作。

要把"销"这个要素做到高效，你需要认真地把这个要素涉及的内容细化和深化，真正做到信手拈来，这样才能够更直接地促进你的业绩提升。我们都知道，越是限量版或者高单价的产品，配套的保卡和证书就越多。从顾客的角度来看，配套的保卡和证书也是产品的一部分，是有价值的。你在销售高单价产品的过程中，能够快速准确地找出全套保卡和证书，自信地展示给顾客，通常会对踢好临门一脚起到很大的助攻作用。

正因为如此，我管理店铺的时候，对销售道具的细节"抠"得非常细致，甚至到了严苛的程度。我在制定店铺的操作规范时，会规定员工制服的左边口袋要装哪几样销售道具，右边口袋要装哪几样销售道具，而且特别规定签字笔和手套不可以装在同一个口袋，钥匙和手套也不能装在同一个口袋。为什么要制定这些听起来很"较劲儿"的规定呢？因为我一定不能让店铺销售顾问在接待顾客的时候拿出一支带有黑色墨水印迹的白手套，或者是一支被钥匙勾起丝儿的白手套，然后戴着这样不合格的白手套去为顾客拿一件价值几万元甚至十几万元的产品。这样的形象和行为是非常不专业的，这样不专业的店员将无法赢得顾客的信任，还谈什么业绩呢？

4. 人

"人"这个要素涉及店铺内的同事和外部的关联人员。高效做好"人"这个要素的具体表现如下。

- 清楚店铺内其他同事的工作内容，遇到相关问题时能在第一时间找到对的人，从而快速地解决问题。
- 认识外部的一些关键人物，以便在关键时刻获得及时的帮助。如果大家看过《三十而已》这部电视剧，就会明白这一点的意义。剧中作为销售人员的王漫妮因为平时与停车场的保安师傅建立了良好的关系，在VIP顾客来店铺前，她请保安师傅留了一个VIP停车位，让顾客从停车就开始享受专属的尊贵服务，最后她做成了一笔大单。试想，如果这位VIP顾客需要把车停到很远的地方，或者找不到停车位，那么感受一定很不好，肯定会影响之后的销售，或者根本就不来店了。保安师傅就是这个场景中的关键人物。因此，我们平时要留心观察，友善待人，有时候关键人物会为我们提供及时且重要的帮助。

第2章 高效零售的基础：高效店务运营

- 了解公司内部和商场内相关职能部门的对口负责人，以便在有需要时能第一时间找到对的人，快速准确地反馈问题和解决问题。

不难看出，处理好"人"这个要素可以帮助你用最少的时间找到对的人。只要找到对的人，问题就能被迅速反馈和解决。店铺里的销售顾问平常和办公室工作同事接触有限，遇到问题的时候经常都不知道该去找谁。这样在出现问题的时候，店铺销售顾问们会花费大量的时间去找对的人，或者把问题反馈给了错的人。最终的结果就是问题没解决，还浪费了时间。如果把这些时间用来做生意，那又会产生多少额外的业绩呢？

"店、货、销、人"这四个要素既相互独立，又相互关联地存在于店铺中。只要你高效做好这四个要素，你就能够用最少的时间完成店务工作，释放出最多的时间来接待顾客和做生意，从而提升自己的业绩。

现在，我们处于新零售的环境中，很多公司都在充分利用科技的力量开发线上工具（如在线版的陈列规范、电子化的收货流程、在线版的店铺柜台报修流程等），目的就是提高店务运营效率，节约店铺销售顾问在店务工作上花费的时间和精力。在这些工具刚推出的时候，大部分店铺销售顾问会因为它们改变了自己习惯的工作方式而觉得很麻烦,迟迟不愿意使用。其实,这样做反而会损失很多潜在的业绩。

在我们明白了高效店务运营能够帮助我们提升业绩这个道理后,我们就应该积极地拥抱各种高科技,好好学习和利用便捷的工具软件,进一步提高店务运营效率,帮助我们释放更多的时间做生意。

只要具备了高效店务运营这个前提,做不好业绩都难!

每天和自己开个会

你看到这一节的标题时,估计脑袋里会有很多问号。很多店铺的销售顾问告诉我这是他们第一次听说还有"和自己开会"这种事情。我很认真地告诉你,这可是一件对零售人非常有帮助的事情,因为它可以帮你抓住当天的工作重点,梳理当天的工作思路,清晰当天的工作目标,找准当天的工作方法。换句话说,做好这件事可以帮助你在工作当天打一场有准备的仗。

你需要从以下三个方面来准备和组织这个会。

1. 时间和时长

每天和自己开会的时间一定是在开始工作之前,根据每天上班的班次而定，时长在 5 分钟左右，不要超过 10 分钟。

如果今天你上的是早班或全班，那你和自己开会的时间就是在每天店铺营业前。每天店铺营业前，管理比较规范的店铺会开晨会，店长会在晨会上通报各类 KPI 的完成进度，下达当天的重点业绩指标，布置当天的重点店务。散会后，一天的工作就开始了。在这种情况下，你和自己开会的时间就是在店铺的晨会结束后，开始自己一天的工作之前。

如果今天上的是晚班，你和自己开会的时间就是在店铺交接班会结束后，自己开始工作前。上中班的情况会特别一些，你到店铺后首先要查看工作交接本，与早班同事或店长同步信息，然后再和自己开会。总之，和自己开会的时间一定是在自己开始工作前的 5 ~ 10 分钟。

2. 内容

你每天和自己开会时，要从自己的角度出发，明确自己当天的工作目标和工作方法。你需要整理店铺会议的内容，提取出与自己最相关的部分，把自己当天要做的事情按照轻重缓急罗列好，做出当天的工作计划。

通常我们可以从店铺会议中得到当天的销售目标，这是一个很明确的数字目标。目标明确了，接下来你就要思考用什么方法来达成这个目标。

- 思考哪一个 KPI 最关键，最能帮助自己达成当天的销售目标。例如，在一家新开张的店铺里，每天最重要的 KPI 一定是新客数量和每一位新客的成交金额。
- 思考要完成当天的关键 KPI，需要什么方法和途径，比如要达成当天的新客相关 KPI，你应该使用什么话术去吸引顾客、打动顾客。
- 思考今天你通过邀约会来店铺的 VIP 老客的相关资料是不是都准备好了，是不是都掌握了。你应该用什么话术来接待不同的 VIP 老客，推荐哪些产品给这些 VIP 老客，成交的可能性最高。
- 思考如何完成当天的重点品销售指标，你在接待不同顾客的时候需要用什么话术进行推荐和连带销售。
- 你还要思考当天要完成的店务工作。这个时候，你可以好好利用高效店务运营的四个要素来梳理工作思路，让自己用最短的时间完成店务工作，然后把剩余的时间都用来做生意。

如果你的店铺并不是每天都开晨会和交接班会，那你就更需要每天和自己开会了，否则你会在一个没有明确的工作目标和工作方法的状态下开展工作。缺失目标和方法的行动是毫无意义的，你肯定不希望自己每天的工作在无序和低效的状态中进行，因此，每天和自己开个会是一个很有必要的动作。

3. 工具

我建议你使用好的工具帮助自己高效地和自己开会。有几种不同的工具，第一种是你准备一个笔记本，记录每天和自己开会的内容。记录的时候要记好工作当天的日期，用列表的方式把自己的思路逐条罗列出来。第二种是专门的工作日志和效率手册，在市场上很容易买到，里面有设计好的格式，每天使用一页，你可以用这样的手册来记录每天和自己开会的内容。第三种是我更推荐的一个工具，就是你在做了一段时间的会议记录后，根据自己的工作思路和分类习惯，自己设计一张每日会议记录表，每天和自己开会的时候使用。

无论你使用哪种工具，记录的过程才是最有价值的。这个过程是你整理自己工作思路的过程，目的是对你自己脑袋里千头万绪的想法进行梳理和归纳，帮助你抓住工作重点，找准工作方法，然后在有序和高效的状态下展开一天的工作。

表 2-1 是我设计的在和自己开会时使用的每日会议记录表，供大家参考。

表 2-1 每日会议记录表

每天和自己开个会	
日期: 时间: 天气: 心情:	
1. 今天的工作重点	
业绩重点:	
服务重点:	
店务重点:	
2. 今天的业绩目标	
重点 KPI 1:	
重点 KPI 2:	
重点 KPI 3:	
3. 如何达成业绩目标	
方法 1:	
方法 2:	
方法 3:	
4. 业绩目标的跟进	
第一次跟进和调整:	
第二次跟进和调整:	
第三次跟进和调整:	
5. 今天的工作复盘	
复盘总结 1:	
复盘总结 2:	
复盘总结 3:	
给自己一句鼓励的话:	

我一直相信，店铺就是零售的战场。每天和自己开个会，可以让你每天都打一场有准备的仗，掌握获胜的战机，锁定获胜的机会。如果你是店员工，每天和自己开个会可以帮助你确定当天的工作重点，找准当天的工作方法；如果你是店长，每天和自己开个会可以帮助整个店铺确定当天的工作重点，找准当天的工作方法。

从今天开始，养成每天和自己开个会的好习惯，自信满满地进入战场，整装待发，去赢得胜利。

每天定时跟进自己

店铺开始营业后，你开始按照和自己开会时确定的目标和方法展开一天的工作。通常情况下，店铺销售顾问会马不停蹄、走路带风地忙到下班。如果遇到有特殊活动的节假日，可能连吃饭都顾不上，真的是日出而作、日落而息。下班的时候，去看自己一天的业绩时，只会有两种结果：一种是业绩目标达成了，心情大好；另一种是业绩目标没达成，心情失落。

我们要避免每天到下班的时候才去跟进和复盘自己的业绩。如果那样做的话，每天只能看到一个最终结果，我们都没有机会调整和改变它。很多店铺销售顾问就在这样日复一日地工作。你是否有机会对每天最终的业绩结果进行干预呢？你是否能在过程中做点什么去影响和改变最终的业绩结果，从而增加业绩目标达成的概率呢？答案是肯定的，只要你在每天的工作中做好一件事情，那就是定时跟进自己。

你可以从以下两个方面来做好定时跟进自己这件事情。

1. 跟进自己的时间节点

开始上班后，应该在什么时候跟进自己呢？我为大家提供两种方法：一种是先设置时间节点，在设置好的时间节点跟进自己；另一种是每接待完一位顾客，就和自己做一次跟进。大家可以按照自己的习惯和喜好，同时参考产品品类和店铺客流情况做出选择。当然，这两种方法也可以结合起来使用。

如果选择第一种方法，你要在设置跟进时间节点上下功夫。你要根据店铺的具体情况进行设置，要考虑店铺的客流规律，当天店铺是否有活动，以及 VIP 顾客当天来店铺的时间等。通常来说，如果是没有活动的日子，你要重点考虑店铺的客流规律，避开高峰时段，例如，每隔两小时跟进自己一次；如果是有活动的日子，或者在销售旺季，你就可以根据活动规模的大小及销售的火爆程度，缩短跟进自己的时间间隔，例如，每隔一小时甚至每隔半小时就跟进自己一次。

如果店铺的客流量小或者销售的是高单价产品（如珠宝、腕表等），我建议大家养成每接待完一位顾客，就跟进自己一次的好习惯。通过这样的复盘，你可以知道自己做成这单生意有哪些原因，没做成这单生意有哪些原因。当你在跟进自己的时候，成单或没成单已经是无法改变的结果。有价值的是，我们要找到成单或没成单的原因，让自己在接下来的工作中复制成功、避免失败，不断提高下一次销售的成功率。

2. 跟进的内容

每次跟进自己时需要做些什么呢？你需要看今天的业绩目标目前完成了多少，相关 KPI 目前的完成情况如何，计划中的店务事项现在有没有变动，今天运用的工作方法是否有效，今天使用的沟通话术是否合适。

如果各项数据的进展不够理想，就有可能是方法不合适，你要马上思考应该怎么调整，还有什么其他方法可以尝试。如果各项数据的进展还不错，就说明你当时的工作方法和沟通话术是有效的，你可以思考如何进一步提升业绩。

举个例子，今天你上早班，业绩目标是 5 万元，新客加微信指标是 10 个。中午 12 点的时候，你和自己做了一次跟进。

- 目前业绩做了 1 万元，只完成了当天业绩目标的 20%。
- 上午进店的 5 个新客，只加到 2 个新客的微信，新客加微信成功率是 40%。
- 原计划上午来店的一个 VIP 顾客因为临时有事不能来了，原计划由这个 VIP 顾客带来的 1.8 万元业绩实现不了了。

和自己做好跟进后，你马上能看到需要进行调整的地方。按照目前的进度，在接下来的 6 个小时里，你需要对自己的工作进行以下调整。

- 邀请新客加微信的成功率需要提高，有可能是你使用的话术不太有效，你需要尝试使用不同的邀请话术。你可以去请教新客加微信成功率高的同事，努力把新客加微信的成功率提升到 80%。
- 马上打电话邀请其他 VIP 顾客来店，并做好相关准备，来完成 8000 元的业绩。
- 和取消来店的 VIP 顾客沟通，尝试进行线上推荐，争取实现 5000 元的业绩。
- 上午做成的这个 1 万元的单子，你总结出关键原因是你识别出顾客是老虎型的性格后，为顾客推荐了限量版的产品并利用专属会员福利进行了连带销售。因此你要对之后进店的每一位顾客做性格类型的识别，从顾客的角度进行针对性的产品介绍和推荐。

试想，如果你在中午 12 点没有跟进自己，没有思考应该如何做出调整，只是在一刻不停地做事情，那么下班的时候你面对的就是一个最终结果，你没有机会去影响和改变它。但是，如果你在中午 12 点做了跟进自己这个动作，你就能更有针对性地安排下一个时段的工作，再次明确目标是什么，要先做什么事情，要用什么方法去做事情，以提高下一个时段的工作质量。之后，到了下一个设置好的时间节点，你再次跟进自己，可能又会发现新方向，你就可以再次进行调整。

每一次跟进自己本质上是一次与自己对话，并进行反思和总结的过程。在跟进自己的时候，你可以使用"每日会议记录表"来进行记录，这个表的第四部分是专门用来记录跟进情况的。这个工具可以帮助你在工作中养成跟进自己的好习惯，让你能够梳理工作思路并明确下一时段的工作目标和工作方法。

每天定时跟进自己是一个非常有效的日常练习，它可以帮助你建立高效的行为习惯和工作模式。通过持续练习，你可以及时地在工作过程中做出有益的调整，一连串有益的调整可以保证你工作中的前行方向始终与目标保持一致，不会出现很大的偏离，有针对性地帮助你达成当天的最终目标。

什么事情要先做

店铺的销售顾问经常问我这样一个问题：店铺每天的事情太多了，我应该先做哪一件呢？这已经不仅仅是一个问题了，而是很多店铺销售顾问日常的苦恼和痛点，是低效和混乱的导火索。

店铺里面的事情千头万绪，似乎每时每刻都会增加，还会有突发的事情涌进来。"计划没有变化快"几乎是所有门店的常态，这些变化可能来自顾客、同事、商场或者公司。

面对这些不确定性，首先，我们要保持乐观的心态，要敢于拥抱不确定性，不要抱怨，因为抱怨不会给我们带来任何帮助。其次，我们要提升快速准确地决定事情优先级的能力，也就是在千头万绪中快速识别"什么事情要先做"的能力，有了这个能力，我们就能回答本节开头的那个问题了。

我们可以用两把尺子来衡量和判断事情的优先级，第一把尺子叫作重要程度，第二把尺子叫作紧急程度。如何使用这两把尺子判断什么事情重要、什么事情紧急呢？

- 如果一件事情与当天的工作目标关系大，会直接影响业绩达成，那么这件事情就是一件重要的事情，如接待 VIP 顾客、提高自己的销售技巧等。对业绩达成的影响越大，这件事情就越重要。
- 如果一件事情引发负面后果的时间越短，那么这件事情就越紧急。一件事情会在最短时间内引发负面后果，这件事情就最紧急，需要立刻采取行动，如顾客到店投诉、顾客在店铺发生意外等。

当你用这两把尺子去衡量和判断一件事情，发现它是既重要又紧急的事情时，这件事情就是优先级最高的事情，是你要最先做的事情，否则很快就会产生严重的负面后果。

我也专门设计了一个工具表单，来帮助你从繁杂的店铺事务中找出优先级最高的事情。我把这个工具表单称为"排先后表"，如表 2-2 所示。

表 2-2 排先后表（范表）

任务	重要程度（1～3）	紧急程度（1～3）	立刻做

你可以按照下面的步骤来使用这个表格。

（1）把目前需要做的事情写到"任务"一列中。

（2）思考每一项任务的重要程度，即这项任务对当天业绩的达成有多大的影响，然后在第二列写下该事项的重要程度，1表示重要程度最低，3表示重要程度最高。

（3）思考每一项任务的紧急程度，即这个任务不完成的话，什么时候会出现负面后果，然后在第三列写下该任务的紧急程度，1表示紧急程度最低，3表示紧急程度最高。

（4）找到重要程度和紧急程度都最高的任务，在对应的第四列中用红笔写三个惊叹号，代表这项任务既紧急又重要，是优先级最高的任务。

（5）立刻去完成这项优先级最高的任务。

随时使用此表格对手头的事项进行排序。完成了第一项既重要又紧急的任务后，你可以再次使用这张"排先后表"，重复以上五个步骤对剩余的任务进行判断，再次筛选出需要立刻去做的事情。如果出现了新的任务，你需要把新的任务添加到"任务"这一列里，同样重复上面这五个步骤来对任务进行判断。

我举个例子来帮助大家更好地理解和运用"排先后表"。

你今天上早班，现在有以下任务需要完成。

A. 和自己开个会，明确今天的业绩目标和达成方法。

B. 今天是新品上市第一天，需要调整商品陈列。

C. 今天原计划到店的三位VIP顾客中有一位不能来了，店长在晨会上要求继续邀约其他VIP顾客。

D. 带教新同事小美掌握店铺的收货流程。

E. 为一位VIP顾客完成一单线上复购，然后寄出商品。

小测验

先想一想，按照你的工作习惯，你会先做哪件事情呢？

我们先用重要程度和紧急程度这两把尺子对这些任务进行衡量和判断。现在是早班时间，调整商品陈列这件事情肯定要在开店前完成，而且，今天是新品上市第一天，因此调整商品陈列这件事情的重要程度和紧急程度都排在第一位，重要程度是3，紧急程度也是3。重要程度相同的是和自己开会和邀约VIP顾客这两件事情，因为这两件事情直接关系到今天的业绩达成，因此重要程度都是3。在紧急程度上，和自己开会和邀约VIP顾客这两件事情不如调整商品陈列紧急，因此紧急程度是2。为VIP顾客线上复购的重要程度没有前面几件事情高，重要程度可以是2，紧急程度也是2。带教新同事小美这件事情在这个时间节点上的重要程度

和紧急程度相对来说都是最低的,因此重要程度和紧急程度都是 1。

然后我们用"排先后表"(见表 2-3)找出应该先完成哪一项任务。

表 2-3 排先后表(例表)

任务	重要程度(1~3)	紧急程度(1~3)	立刻做
调整商品陈列	3	3	!!!
和自己开会	3	2	
邀约 VIP 顾客	3	2	
带教新同事小美	1	1	
VIP 顾客线上复购	2	2	

此时的排先后表中调整商品陈列这个任务的重要程度和紧急程度都是 3,在对应的第四列中写上三个感叹号,这就是此时优先级最高的事情,是你现在应该立刻去做的事情。

在给任务排优先级的时候,我们需要明确一点,重要程度和紧急程度是相对的,是指在某一个场景下或某一个时间节点上一件事情的重要程度和紧急程度。一件事情在这个时间节点上不是最重要或最紧急的,在另一个时间节点上也许就是最重要或最紧急的。例如,同样是上面这几件事情,如果现在不是早班时间,而是晚班时间,那么调整商品陈列的紧急程度就不是 3 了,邀约 VIP 顾客的紧急程度就会变成 3。

你要结合自己当时的工作场景和时间节点，用本节中的工作思路和工具表单对每天工作中的任务事项进行梳理和排序，来确保优先完成最重要和最紧急的事情，这样你就不会有"我应该先做哪一件事情"的苦恼了。

如何处理突发事件

在当今人人都可以做自媒体、信息洪流铺天盖地的时代，店铺几乎每天都会有计划之外和意料之外的事情发生。我们可以将这类事情统称为突发事件。

在现实中，很多店铺销售顾问在面对突发事件时比较慌张，一方面是由于缺乏经验，另一方面是由于没有接受过相关的培训和不清楚相关的流程。店铺销售顾问心里没有足够的底气和相关的知识，仅凭着个人习惯和现场猜测，肯定很难处理好店铺的突发事件，甚至会因为处理方式不当而导致事件升级。这样一来，店铺销售顾问就会陷入在店务上消耗不必要的时间和精力的旋涡，从而损失了用来接待顾客和做生意的宝贵时间。因此，如果你能够从容自如地处理好突发事件，就可以保证自己的工作效率，减少工作受到的干扰，避免业绩受到影响。

为了帮助你在第一时间能够镇定自若地面对和处理突发

事件，我总结了店铺中常见的几类突发事件并归纳了相应的建议处理方法。你在学习后可以结合自己公司的相关流程，做到快速高效地处理好各类突发事件。

1. 顾客投诉

顾客投诉是店铺最常见的突发事件。虽然顾客投诉很常见，但是店铺销售顾问每次遇到这类事件，依然觉得很头疼。大家从心理上就很排斥顾客投诉，大家担心顾客投诉会带来退货，从而影响自己的业绩和收入。如果不想让这些担心的事情发生，你必须做好处理顾客投诉的两个重要原则：保持同理心和保持专业度。

保持同理心是指你在处理顾客投诉的时候要站在顾客的角度考虑问题，设身处地理解顾客当时的感受，让顾客觉得被理解、被倾听。作为零售人，你对同理心一定不陌生，但是遇到顾客投诉时往往会因为内心的害怕而产生畏难情绪，从而把同理心忘记了。你要牢记，同理心是处理好顾客投诉的一个关键点。

保持专业度是指你在处理顾客投诉的时候要保持与接待顾客时同样热情的态度，不能让顾客觉得你因为是顾客投诉就表现出不耐烦。同时，你在和顾客沟通时，要能准确清晰地告知公司处理顾客投诉的流程和步骤，能用专业的解答消除顾客提出的疑虑,这些都是能体现你专业素养的具体行为。

我建议大家在处理顾客投诉时遵循图 2-1 所示的步骤。

图 2-1　顾客投诉处理步骤

请相信,只要始终保持同理心,结合公司的具体要求,专业地执行以上步骤,你一定可以自信从容地处理好顾客投诉。其实,处理好顾客投诉只是最基本的,更聪明的做法是把顾客投诉成功地转变为新的销售机会,把前来投诉的顾客转变为信任你的忠实顾客。

我在这里分享一个例子。之前,在我管理的一家腕表店铺中来了一位对鳄鱼皮表带不满意的顾客,这位顾客一周前在店里购买了一块鳄鱼皮表带的腕表。当时是夏天,这位顾客出汗比较厉害,才过了一个星期,表带贴近皮肤的那一面就出现了汗渍。顾客无法接受,就来到店铺要求更换表带。遇到这样的情况,你会怎么解决呢?

很多店铺销售顾问的第一反应是:汗渍是顾客自己出汗造成的,和我们有什么关系呢?这肯定不是产品的质量问题,不能退换。还有的店铺销售顾问可能会建议顾客在夏天尽量少佩戴或不佩戴皮表带的腕表。如果你这样去和顾客沟通，顾客一定会很生气，投诉很可能就会立刻升级。这样的沟通思路毫无同理心，没有站在顾客的角度去思考问题，顾客也完全感受不到被理解和被倾听。

如果你有同理心，你应该这样对顾客说："我特别理解您现在的心情，才买了一个星期的新表，表带就变成这样了，您心里肯定不舒服。""您别着急，换了是我，看到表带这样了，我也会心疼。"顾客听到这些话后会感受到自己被理解，就会愿意听我们解释，并和我们一起商量合适的解决方案。

当时，我首先带着员工安抚了这位顾客的情绪，让他知道我们理解他心里不舒服，让他明白我们会尽最大努力帮他解决问题。这一步很重要，顾客的情绪明显舒缓了，这样我才能展开更多的沟通。然后，我仔细地询问了这位顾客这一周佩戴腕表的过程。询问之后，我发现这位顾客出汗比较多，而且喜欢运动，他戴着新买的腕表和朋友一起打球了（估计也是想向朋友展示一下自己的新表）。接下来，我告诉顾客我会先让驻店的维修技师马上对皮表带进行一次全面的清洁保养，等看了清洁保养的效果后，再来讨论后续的解决方案。在表带进行清洁保养的过程中，店铺销售顾问耐心地向顾客解释了皮表带腕表和钢表带腕表的利弊和建议使用场合。

20分钟后，当我们把经过专业清洁保养的皮表带还给顾客的时候，顾客立刻露出了惊喜的表情，由于皮表带的复原情况超出了他的预期，顾客称赞我们的技师十分专业。这个时候，顾客对我们有了信任，他感受到我们在努力地用专业服务帮他解决问题。其实顾客当然知道汗渍是因为自己出汗造成的，但是才买了一周的新表就变成这样，他也不知道怎么办，只能回到店铺寻找解决方案。

之后在我们的建议下，这位顾客购买了一根钢表带，这样在夏天和运动时可以使用钢表带，冬天再使用皮表带。我们还向这位顾客赠送了一次免费的皮表带清洁保养服务，让他能安心地佩戴皮表带。后来，这位顾客来店铺做皮表带清洁保养的时候，又买了一块更适合运动的腕表。就这样，通过在处理顾客投诉时的同理心和专业度，我们成功地把一起顾客投诉转变成了新的销售机会，把投诉的顾客转变成了忠实顾客。

2. 媒体采访或博主探店

在自媒体时代，店铺里发生媒体采访和博主探店的次数越来越多了，店铺的销售顾问应该怎么面对呢？

一般来说，接待媒体采访这个事情是由公司的公关部门负责，店铺销售顾问并不具备接待媒体采访的能力。但如果媒体已经来到了店铺现场,我们不能够阻止媒体采访人员进入店铺。我们需要用礼貌和专业的态度做好基本的接待工作,然后及时上报公司的相关部门,让专门负责媒体采访的同事接于。

店铺销售顾问在接待媒体采访时的主要原则是保持礼貌和进行记录,建议大家在接待媒体采访时遵循如图 2-2 所示的步骤。

图 2-2　媒体采访接待步骤

现在,探店博主也越来越多,店铺销售顾问们迟早会在店铺遇到这些网红博主。首先我们要看到博主探店的正面意义,各路博主愿意来探店,说明你的店铺受到了关注,你可以利用这个机会好好宣传品牌和店铺。在接待博主探店的时候,店铺销售顾问同样要保持礼貌和专业的态度。在礼貌的问候之后,你要像接待顾客一样专业地为博主们介绍品牌和推荐产品。同时,你可以邀请博主们关注品牌公众号或店铺的自媒体账号,欢迎他们持续了解。对于博主提出的拍照要求,你需要根据公司的要求进行回应。通常情况下,未经公司同意,不可以在店铺内拍照或录像。博主离开店铺后,你应该做好记录并及时上报公司。

建议大家在接待博主探店时遵循图 2-3 所示的步骤。

图 2-3　博主探店接待步骤

3. 监管部门检查

监管部门的人员会不时地出现在店里，很多店铺销售顾问一看到监管部门的工作人员就会感到紧张和害怕，其实大可不必。监管部门的工作人员对店铺进行检查是他们工作的一部分，他们也希望顺利地完成这项工作。因此我们在店铺配合他们，协助他们完成工作即可。

在接待监管部门检查的时候，店铺销售顾问要积极配合，做到专业行事。你要做的第一件事情是请监管部门的工作人员出示工作证件，以确认他们的身份，这是训练有素的表现。对于监管部门的工作人员提出的要求，你要认真聆听、仔细记录并及时回应。与此同时，你需要及时将具体情况上报给主管，并按照公司的制度和流程执行。

建议你在接待监管部门检查时遵循图 2-4 所示的步骤。

图 2-4　监管部门检查接待步骤

以上是店铺中常见的三类突发事件及相应的建议处理方法。处理突发事件还有一个秘密武器，那就是我们每个人都拥有的笑容。在面对突发事件时，你要记得在第一时间微笑，无论是哪一种情况，保持微笑，对方都能感受到你的善意和友好。然后，按照上面建议的原则和流程去进行，你就一定能以从容自若、专业高效的姿态处理好每一起突发事件，为自己赢得更多接待顾客的时间，赢得更多创造业绩的机会。

高效店务运营，赢得时间

通过前面的内容，你一定明白了要保持高效店务运营的原因，清楚了高效店务运营与接待顾客和做生意之间的逻辑关系，相信你已经坚定了保持高效店务运营的决心。有了清晰的认知和坚定的决心，接下来你需要做的就是认真学习和运用我在本章中总结和提炼出来的方法和流程。

我在这里为你梳理和总结了本章的脉络。

- 通过"高效店务运营的四个要素"这一节内容，对店铺日常运营涉及的事务进行了归纳，帮助你更有条理地从四个维度完成店务工作。

- 通过"每天和自己开个会"这一节内容,明确和自己开会的重要性,学会了如何在每天的工作中抓住重点、找准方法,通过以点带面的方式提高每天店务运营的效率。
- 通过"每天定时跟进自己"这一节内容,掌握何时跟进自己与如何跟进自己。在每次跟进自己后要及时调整工作内容和工作方法,为达成当天的业绩目标提供保障。
- 通过"什么事情要先做"这一节内容,学习如何衡量和判断事情的优先级,如何使用两把尺子和"排先后表"为自己配备一双火眼金睛,快速准确地判断什么事情要先做,避免重要工作被延误及其带来的负面影响。
- 通过"如何处理突发事件"这一节内容,学会自信和专业地处理各类突发事件的原则和通用的操作步骤,从而避免因为处理不当而带来更复杂、更耗时的后续工作,避免占用接待顾客和做生意的时间,影响自己的业绩达成。

在这一章结束之前,我和大家分享一个真实的案例。

十年

我为一个品牌服务时，曾在一家全国重点店铺进行为期一周的巡店工作。在跟随店铺从开店到闭店的完整流程之后，我发现这家店铺每天闭店时要把全部珠宝和腕表货品从柜台和橱窗全部收回保险箱，每天开店时再把全部货品从保险箱中取出，陈列到柜台和橱窗中。

这并不是珠宝腕表品类货品管理的常规操作。通常情况下，珠宝腕表品牌公司会为店铺的货品购买专项保险，并在店铺中安装先进的安保系统和报警设备。在这样的环境下，如果没有特殊情况，每天闭店时只需要将单价较高的货品和橱窗的货品收回保险箱，每天开店时再从保险箱中将这些货品取出并陈列即可，并不需要在闭店时把店铺里的全部货品都收回保险箱，每天开店时再从保险箱中取出全部货品进行陈列。

我询问店经理其中的原因，得到的回复是这家店从开店到当时的十年间，都是这样操作的。之后，我向公司的财务人员、法务人员及相关保险公司了解政策，明确了每天闭店时需要收回的货品清单。从数量上看，每天闭店时需要收回保险箱的货品仅占所有货品的约27%，也就是说，当时店铺中73%的货品是不需要每天闭店时收回、开店时取出的。

我把这个情况告诉了店经理，她很开心，她觉得如果可以优化这个操作，店铺销售顾问就可以在每天的闭店收货和开店放货上少花一些时间。随后,我和店经理一起梳理和优化了每日闭店和开店的操作流程,明确了需要每日收、放的货品清单。同时,我把相关的货品保险规则发给了店经理,以便她在日后有明确清晰的操作指导。

那一天,我们在店铺宣布这个新的流程时,店铺销售顾问们也很高兴,他们每天在收、放这些货品的时候,都挺有压力的,一方面考虑到货品单价高,必须小心翼翼地操作,另一方面闭店和开店时通常节奏都很快,又必须行动迅速。所以当他们知道绝大部分货品不需要每天收、放时,顿时感到轻松了很多。

这件在店铺重复了十年的事情被很有效地优化了,这带给我很多启发,我当时做了一番计算。

- 原来每天闭店时把全部货品收回保险箱至少需要 15 分钟,每天开店时把全部货品从保险箱取出来并陈列好至少需要 25 分钟。
- 现在每天闭店时把部分货品收回保险箱最多需要 8 分钟,每天开店时把部分货品从保险箱取出来并陈列好最多需要 15 分钟。
- 所以现在每天闭店比之前节约 15-8=7(分钟),每天开店比之前节约 25-15=10(分钟)。

如果这样的高效流程从店铺开张时就发生，会带来什么影响呢？我们来做一个简单的计算。

- 每天在闭店和开店环节节约的时间为：7+10=17（分钟）。
- 十年一共节约的时间为：17×365×10=62 050（分钟）。
- 如果按照每3小时（180分钟）售出一块手表来计算，这十年节约下来的时间可以售出的手表数量为：62 050÷180≈345（块）。
- 按照当时25 000元的客单价计算，这十年节约下来的时间可以产生的销售业绩为：345×25 000=8 625 000（元）。

这个数字对任何一家店铺都是一个不小的数字。我每次讲完这个案例的时候，听众都会陷入一片沉默。我相信大家一定深刻地感受到了这些不起眼的点滴时间居然可以带来如此之大的影响，大家一定开始在脑海里搜寻自己店铺里有没有类似的、可以从店务中节约出来的时间，大家也一定在暗下决心要提高自己店务运营的效率，不浪费可以用来做业绩的时间。

进行这样的数学计算，是为了让大家更直观地看到这些时间带来的影响。在现实工作中，从每天开店和闭店环节中节省出来的时间并不是每一分钟都能够用来创造业绩。不过，节省出来的每一分钟都可以用在更有价值的事情上。例如，闭店时节省出来的时间可以让店铺员工早点下班回家，能够体现店铺管理的温度；开店时节省出来的时间可以让店铺员工梳理当天的工作重点，从而高效地完成当天的工作，这就是高效店务运营的精髓所在。

我在多年的零售管理工作中一直在坚持实践高效的店务运营，我建议视觉陈列部门设计可以轻松移动的陈列背板，让销售顾问在调整陈列时可以更加省时省力；我建议市场部把店铺的活动促销方案做成可随身携带的小册子，销售顾问可以用最短时间找到需要的信息；我建议售后部门把相关术语整理成中英文对应的词汇表，避免销售顾问在售后流程中因为操作失误导致返工。这些动作为店铺销售顾问赢得了很多做生意的时间。

当你把这样的思维方式和工作方法用到店铺的日常工作中，持续练习，不断积累，你一定能提高店务运营的效率，缩短花费在店务上的时间，释放出更多宝贵的时间，把这些时间用在更有价值和更有意义的事情上，为业绩最大化提供坚实的基础。赶紧去实践吧！

强化练习

每日高效工作表格

实现每天高效店务工作的工具表格包括"每日会议记录表"和"排先后表",两张表格每天请配合使用。每天先使用"每日会议记录表"和自己开一个会,然后使用"排先后表"梳理每天的工作事项。建议大家坚持使用 30 天,养成良好的工作习惯。

每日会议记录表

每天和自己开个会			
日期:	时间:	天气:	心情:
1. 今天的工作重点			
业绩重点:			
服务重点:			
店务重点:			
2. 今天的业绩目标			
重点 KPI1:			
重点 KPI2:			
重点 KPI3:			

(续)

3. 如何达成业绩目标	
方法 1：	
方法 2：	
方法 3：	
4. 业绩目标的跟进	
第一次跟进和调整：	
第二次跟进和调整：	
第三次跟进和调整：	
5. 今天的工作复盘	
复盘总结 1：	
复盘总结 2：	
复盘总结 3：	
给自己一句鼓励的话：	

排先后表

任务	重要程度（1~3）	紧急程度（1~3）	立刻做

3
CHAPTER
第 3 章

高效零售的关键
CEM 模型

Efficient Rules
of Top Sales

什么是 CEM 模型

"顾客是我们的衣食父母",相信每一位零售人对这句话都耳熟能详。我们都深知与顾客之间关系管理的重要性。在每天的工作中,你会面对形形色色的顾客,这些顾客的性格不同、喜好各异,把握好与不同顾客的相处之道,拿捏好与不同顾客保持亲疏远近的分寸,其实是非常不容易的事情。

在这一章里,我会带你学习一个助力你管理好顾客关系的模型,这是我从无数成功案例中总结和提炼出来的高效模型。这个模型以顾客为中心,可以和你自己的销售技巧融合衔接,帮助你在顾客关系管理上形成自己独特的心法,润物细无声地建立与顾客之间的信任关系,成功地把顾客从闲来无事的游客培养成热爱品牌的关键意见消费者(key opinion consumer,KOC)也就是为品牌代言的超级用户。

我创建的这个模型叫作顾客体验管理(customer experience management,CEM)模型。要把 CEM 模型理解透彻,我要先讲零售人都很熟悉的顾客关系管理(customer relationship management,CRM)。通常情况下,对店铺来说,CRM 就是各种 KPI 数字指标。每天你在店铺都需要完成很多不同的 CRM KPI。当你在做工作复盘和工作汇报的时候，CRM KPI 也是必不可少的，比如新客数量、复购率、二回率、客户满意度、不同级别的 VIP 的占比等。这些 CRM KPI 告诉我们的是结果，可以让我们知道我们在顾客关系管理这件事情上做得好不好，比如新客数量这个 KPI 指标没有达成，说明我们和潜客的关系管理做得不理想；二回率指标没有达成，说明我们和新客的关系管理没做到位。

当我们管理好了与顾客之间的关系，就会得到理想的 CRM KPI。因此，我们首先需要知道的是如何管理好顾客关系。我创建的 CEM 模型就是一个教你如何具体去做好顾客关系管理的模型，让你学习如何通过提供卓越的顾客体验来做好顾客关系管理，从而达成 CRM KPI。

CEM 模型与 CRM KPI 之间的逻辑关系总结如下：

- CEM 模型能够帮助我们为顾客提供卓越的顾客体验。
- 这样的卓越体验能够让我们与顾客建立良好的关系。
- 持续管理好与顾客之间的良好关系能够产生各类相应的 CRM KPI。

如图 3-1 所示，CEM 模型以顾客为中心，创建了一个能够为顾客提供卓越体验的循环模式。

CEM 模型的循环工作原理如下。

图 3-1　CEM 模型

- 首次循环：从了解和发掘顾客的期待（expectation）开始，根据顾客的期待提供相匹配的卓越体验（experience），顾客因为享受到了卓越的体验，对店员产生了信任，开始喜欢品牌，良好的顾客关系开始形成，顾客和品牌的归属感（engagement）开始建立。engagement 这个英文单词有"约定；（与……的）密切关系"的意思，大家肯定马上就能明白我选择这个单词用在模型中，并翻译成归属感的用意了。我们就是希望和顾客之间形成这样的密切关系。
- 再次循环：在拥有了良好的关系后，顾客会更愿意和我们交流沟通，我们对顾客的需求就会有更准确的预判，也就是说，我们会更清楚顾客的期待是什么。我们根据对顾客更可靠的需求判断，提供更精准、更匹

第 3 章 高效零售的关键：CEM 模型

配的卓越体验来满足顾客，从而使顾客和我们以及和品牌之间形成更牢固的关系，产生更牢固的归属感。

通过这个周而复始循环的模型，我们能够更全面和深入地了解顾客，可以更清晰和精准地预判顾客的期待和需求，为顾客提供越来越匹配的卓越体验。在无数次精准的卓越体验的积累下，顾客对我们越来越信任，对品牌的归属感越来越强烈。顾客与品牌持久的情感联结以及顾客对品牌的价值认同，会带来持久稳固的顾客关系。

在互联网及各种技术高速发展的今天，顾客体验的时间维度和空间维度都被无限扩展，顾客能够通过人的全感官，即视觉、听觉、味觉、嗅觉、触觉和意识（见图 3-2），通过硬件和软件的相互配合，全维度、全渠道地产生体验。

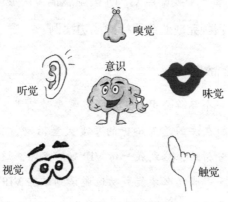

图 3-2　人的全感官

顾客在全渠道和全维度产生的全感官体验可以表现为以下方面。

- 购物环境的体验，如灯光、温度、气味、宣传画面等。
- 人对人的服务，如线下店员的销售服务、线上客服的问候和回应。
- 产品的使用体验。
- 咨询和投诉体验。
- 内容体验，如品牌文化的体验。

我们要成为一名与时俱进的零售人，要积极思考如何为顾客创造全感官的卓越体验。

下面分享一个我使用 CEM 模型邀请 VIP 顾客参加品牌大型活动并超额完成业绩目标的成功案例。

一个瑜伽垫的故事

在加入一个品牌公司不久后，我需要带领团队邀请品牌的 VIP 顾客参加在法国总部举行的年度大型活动。公司 CRM 部门做完数据分析后，给到我一份 VIP 顾客名单。这时，我的第一个难题来了：我怎么才能成功地邀请到这些 VIP 顾客，让他们愿意坐下来听我讲解这场活动的整个行程呢？我启动了 CEM

第3章　高效零售的关键：CEM 模型

模型来解决这个难题。我需要先判断顾客参加这场活动的期待（expectation-1），顾客对这场活动有什么期待呢？顾客为什么愿意参加这个活动呢？带着这些问题，我开始研究 VIP 顾客 Z 小姐的相关资料。

Z 小姐是不少品牌的 VIP 顾客，我发现她经常受邀出席品牌的时尚秀，这说明 Z 小姐一定很喜欢看时尚秀。在这次活动中，公司提供了一个与时尚秀有关的资源。于是我决定利用这个机会点去邀请 Z 小姐，告诉她我们在这场活动中会安排一场时尚秀，她可以在后场与设计师见面。这样的体验（experience-1）一定能满足 Z 小姐的期待。不出所料，Z 小姐愉快地接受了邀请，并表达了对时尚秀的期待和对品牌的感谢（归属感，engagement-1）。

接下来，我们要和 Z 小姐见面，告诉她这次活动的具体安排。这时，第二个难题出现了：Z 小姐喜欢在什么样的地方见面呢？在什么时间和 Z 小姐见面最合适呢？这些问题的答案都有可能影响 Z 小姐的心情，从而影响见面沟通的效果。因此，我再次启动了 CEM 模型，去寻找 Z 小姐对见面环境的期待（expectation-2）。我继续深入研究 Z 小姐的资料，发现 Z 小姐喜欢练习瑜伽，这是一条非常重要的线索。喜欢练习瑜伽的人都比较重视健康，有自己的饮食习惯和饮食节奏。一顿传统意义上的丰盛午餐一定不会是 Z 小姐的期待，在一个环境舒适的地方享用健康的轻食下午茶更有可能符合她的期待。在一番搜索之后，我选择了一家提供健康轻食的混合风格的西餐厅，这家餐厅在下午的时候会播放印度风格的静心放松的音乐，并配上相应的香氛。这样的餐厅环境和体验（experience-2）应该能够完美匹配Z小姐的期待。

当天，我和同事提前到达餐厅等候Z小姐，我清楚记得她进入餐厅后表现出的满意和舒适的表情。她坐下来后环视了餐厅的环境，告诉我们她很喜欢这样的装修风格，这里的音乐和香氛让她觉得很舒服。我们告诉Z小姐，因为知道她喜欢练习瑜伽，所以专门挑选了这家餐厅。Z小姐顿时觉得我们很用心，她表示很满意（归属感，engagement-2）。

因为事前精心的准备，我们和Z小姐的沟通过程很顺畅。在这次沟通中，我们得知Z小姐每个星期会请私教和她练习两到三次瑜伽，这个信息成为第三次运用CEM模型的关键信息。我开始思考：Z小姐在活动期间一定会产生希望练习瑜伽的期待（expectation-3），我们如何满足她这个期待和需求呢？虽说活动期间VIP顾客入住的是五星级酒店的套房，但是我不确定习惯和私教一起练习瑜伽的Z小姐是否愿意在公共场所练习，她应该更期待在自己宽敞的套房中练习瑜伽。如果我能为她提供一块专业和舒适的瑜伽垫，让她可以在自己喜欢的环境和时间，按照自己的节奏练习瑜伽，这样的体验（experience-3）最有可能满足她的期待和需求。于是，我开始寻找最合适的瑜伽垫，我找到了最受瑜伽练习者喜爱的品牌lululemon。当时，lululemon在上海没有门店，最近的门店位于香港。于是，我利用一次去香港开会的机会，在午餐时间去lululemon的店铺买了一块当时最新的折叠款瑜伽垫。我从香港把这块瑜伽垫带回上海，然后再把这块瑜伽垫从上海带到法国。

Z 小姐抵达巴黎的第二天，在酒店大堂享用早餐的时候，我把这块跨越了千山万水的瑜伽垫呈现到她眼前。我到现在都不能忘记她当时无比惊喜的表情，那种被真诚和用心感动后流露出来的表情。Z 小姐说，无数的品牌都为她提供过 VIP 服务，她觉得很多服务只是简单地用钱堆积而来的服务，而我们的服务让她感受到了真正对顾客的关心和在意（归属感，engagement-3）。之后，Z 小姐的整个行程非常顺利和愉快，她很开心地购买了她心仪的产品，至今依然是品牌忠实的 VIP 顾客。与此同时，我和我的团队也顺利超额完成了这次大型活动的业绩目标。

这就是 CEM 模型的工作原理，也是这个模型的魔力和魅力所在。了解和发掘顾客的期待，为顾客提供相匹配的卓越体验，顾客就会认可我们，并对品牌产生归属感。

当顾客对品牌有了归属感之后，我们与顾客的关系就会变得更加紧密，顾客会愿意让我们知道更多的信息，我们能通过这些信息更深入地了解顾客在不同场景下的期待，提供更匹配的卓越体验，顾客的归属感会进一步增强，会更加认可我们。

CEM 模型从而形成了一个良性的循环，这个不断重复的循环会让 CEM 模型产生越来越显著的效果：我们与顾客建立起越来越有温度和黏性的关系，顾客会成为品牌的忠实消费者、维护者和传播者。

CEM 模型的原则和工具

在上一节里，大家理解了 CEM 模型的工作原理。不难发现，了解和发掘顾客的期待，也就是 CEM 模型的第一个 E（期待，expectation）很关键，又很有挑战性。这是大多数店铺销售顾问在做生意的时候最大的难点和卡点，尤其是面对新客的时候。店铺销售顾问觉得了解顾客的期待十分困难，最根本的原因通常在于没有把顾客当作一个"自然人"，而是直接把顾客当作一个消费者。你也许会很诧异，在心里想顾客当然是人啊，而且肯定是来消费的呀！我理解你的这种想法，等看完下面的例子，你就会恍然大悟了。

要从根本原因出发解决这个难题，请你先记住我总结的一句金句："顾客首先是'自然人'，然后才是消费者。"这句金句是实现 CEM 模型中的第一个 E 的黄金原则。

请看下面的例子，当顾客进入店铺后，如果首先把顾客当作"自然人"：

- 你会看到这位顾客的表情和眼神，会观察顾客的情绪是高兴、平静、着急还是好奇。
- 你会看到顾客手上提着的购物袋，会想顾客手上提的东西重不重。
- 你会看到顾客手里牵着的孩子，会想带着孩子逛街累不累。
- 你会想店里的温度是否合适，会考虑顾客觉得热还是凉。
- 你会想顾客是否口渴，是否需要坐下来休息，坐在哪里会比较舒服。
- 你会想顾客为什么今天出来逛街，为什么走进我们的店铺。

但是，如果你首先把顾客当作消费者，你会想到的是：

- 顾客今天会不会购买。
- 顾客的消费能力有多强。
- 我今天要卖什么产品给顾客。
- 我要把今天的重点品和新品介绍给顾客。
- 我今天的业绩指标还没达成，这个顾客能为我贡献多少业绩。

当你首先把顾客当作消费者，带着上面这些问题去和顾客沟通，就会立刻让顾客尤其是新客，感受到强烈的目的性。在这种情况下，顾客会马上进入防御状态，产生对抗心理，你就无法与顾客展开话题，更不要说了解顾客的期待和需求了。

这正是大多数店铺销售顾问虽然学习了各种破冰话术，但依然觉得破冰很难的根本原因。如果你首先把顾客当作消费者，就算使用再多的话术，也会显得生硬和仓促，会让顾客感到你并不真诚，只是在例行公事。

而当你首先把顾客当作"自然人"的时候，你就会看到顾客身上各种不同的身份和形象，比如妈妈、女儿、父亲、儿子、妻子、丈夫、外公、外婆、爷爷、奶奶、闺密、兄弟、老师、学生、打工人、创业者……你会看到一个个鲜活的、有着不同性格和不同需求的人，而不是千篇一律的、带着钱来购物的消费者。

显而易见，当你首先把顾客当作"自然人"时，你更有可能与顾客展开话题、建立关系，你才能做到从顾客的角度出发思考问题，了解和发掘顾客当下的期待，启动 CEM 模型的第一步。

在我们用黄金原则建立了先把顾客当作"自然人"的意识后，我们来解决另外一个导致了解顾客的期待成为难题的重要原因，那就是缺乏换位思考的能力，并缺少建立同理心的日常练习。我现在为你介绍实现 CEM 模型的灵魂三问，这个工具能帮助你加强同理心和提高换位思考的能力。你在接待顾客的时候使用这个工具，能够有效地进行换位思考，快速地预估顾客在当时场景下的期待。

灵魂三问的三个问题如下。

- 1 问：顾客现在作为"自然人"的期待是什么？
- 2 问：我现在希望顾客做什么？
- 3 问：我现在能为顾客做什么？

以 Z 小姐为例，大家看看我是如何运用黄金原则和灵魂三问的。

（1）在邀约 Z 小姐参加活动时的灵魂三问如下。

- 1 问：顾客现在作为"自然人"的期待是什么？
  答案：Z 小姐作为很多品牌时尚秀的座上宾，一定希望参加有时尚秀的活动。
- 2 问：我现在希望顾客做什么？
  答案：我希望顾客可以顺利地接受邀请并出席活动。
- 3 问：我现在能为顾客做什么？
  答案：我能为顾客申请这次活动中与时尚秀相关的资

源，满足顾客的期待，这样可以大大提高顾客顺利接受邀请、出席活动的可能性。

（2）在安排和Z小姐见面沟通时的灵魂三问如下。

- 1问：顾客现在作为"自然人"的期待是什么？
  答案：Z小姐喜欢主打健康美食的餐厅，喜欢放松和愉悦的环境，最好配有音乐和香氛。
- 2问：我现在希望顾客做什么？
  答案：我希望可以顺利地与顾客见面沟通活动安排。
- 3问：我现在能为顾客做什么？
  答案：我能为顾客挑选一家匹配顾客期待的餐厅，这样可以确保Z小姐在愉悦的心情下和我见面沟通。

（3）在知道Z小姐有练习瑜伽的习惯后的灵魂三问如下。

- 1问：顾客现在作为"自然人"的期待是什么？
  答案：Z小姐应该希望在活动期间也能正常练习瑜伽，在一个私密的空间专心地练习瑜伽。
- 2问：我现在希望顾客做什么？
  答案：我希望顾客能在活动期间坚持练习，保持好心情。

第3章 高效零售的关键：CEM模型

- 3问：我现在能为顾客做什么？

  答案：我可以想办法为顾客创造专心练习瑜伽的条件，为顾客准备一块专业的、方便携带的瑜伽垫。

先把顾客当作"自然人"是我一直坚信和实践的原则。在Z小姐这个案例中，我没有先去想Z小姐这次来参加活动的预算是多少，没有先去研究她的消费记录，没有先去考虑她会喜欢什么款式的产品，没有先去思考我应该怎么推荐产品给她来达成我的业绩目标。

我首先把她当作一个"自然人"，看到的是她有时尚品位，她是一位热爱生活和注重健康的瑜伽练习者。我先去想的是她作为一个"自然人"外出参加活动时会有什么期待和需求。我认真地了解她喜欢什么，对什么感兴趣，我深入地思考怎样先去满足她作为"自然人"的期待和需求。我先对她这个人充满好奇，而不是对她的钱包虎视眈眈，最终我不但收获了满意的业绩，更收获了一位品牌的忠实顾客。

因此，面对顾客的时候，请你一定记住"顾客首先是'自然人'，然后才是消费者"这条黄金原则，然后刻意地运用灵魂三问来锻炼同理心和提高换位思考的能力，帮助自己预估顾客当下的期望，启动CEM模型并充分发挥它的魔力。

从下一节开始，我会告诉大家如何在不同的销售场景中运用灵魂三问,带大家一步一步学会把顾客从一名游客转变为品牌的 KOC。

应用场景 1:把游客变成潜客

每一位在店铺里工作的零售人都是品牌大使,我们要具备"每一位游客都有机会成为品牌潜客"的意识和信心,要具备把每一位游客转变为潜客的能力。CEM 模型能够帮助我们建立这种能力。我们从游客有怎么样的期待开始思考,然后根据游客的期待去思考应该为游客提供怎样的体验,从而让游客喜欢上我们的品牌(归属感)。在这一小节中,我们来学习如何运用 CEM 模型把游客转变为品牌的潜客。

我们先来明确游客和潜客的定义。

- 游客是指目前不认识和不了解品牌,或者目前对品牌没有产生兴趣、对品牌产品没有产生购买意向的顾客。
- 潜客是指认识品牌,对品牌和产品有一定了解,对品牌有兴趣、对品牌产品有购买意向的顾客。

我们先遵循 CEM 的黄金原则"顾客首先是'自然人',然后才是消费者",把自己切换到一个游客的角度进行换位思考。请做一做下面的小测验。

🎯 小测验

如果你在商场没有目的地闲逛,你现在会有什么期待?你想看到和听到什么?什么可以吸引你进入一家店铺呢?

_____

_____

现在让我们来启动灵魂三问。

1问:顾客现在作为"自然人"的期待是什么?

作为一位游客,顾客现在会有很大的好奇心,会期待有趣的和新鲜的感受。哪一个品牌或哪一家店铺让顾客觉得有意思,与其他店铺不一样,顾客就会去哪里。这时,顾客希望看到和听到有趣和新奇的内容,当然最不想感受的是压力。

2问:我现在希望顾客做什么?

面对一位游客,你现在肯定希望他可以进入店铺并停留,然后对我的店铺、我的品牌和我的产品产生兴趣。

3问:我现在能为顾客做什么?

现在你要努力想办法满足顾客当下的期待,尽可能地在店铺内外创造出与众不同的形象,让顾客觉得你的店铺很有趣、很新鲜,与其他的店铺不一样,这样顾客自然就会进入你的店铺。

建议你可以从以下这些方面采取行动。

（1）店铺形象和橱窗陈列最容易吸引游客。这就是每个品牌都会定期更换陈列主题，力求在视觉上艳压群芳的原因。你的店铺首先要按照公司的陈列要求做好执行，达成美观和吸引顾客的效果；其次可以根据所在城市或所在商场客群的特征和喜好，定期对店内陈列进行个性化的小调整，比如明星品的陈列更换、同款式的不同型号或者不同颜色产品的陈列更换、橱窗内模特造型搭配的更换等。现在不少潮牌店铺会用品牌当季的新品作为店铺销售顾问的工服，这样做既可以随时随地展示新品的真人上身效果，又可以减少顾客进店的压迫感和陌生感，更容易让顾客以轻松的心态进入店铺。高端瑜伽品牌 lululemon 的店铺销售顾问都是穿着店铺当季在售的商品，这样会让顾客感觉到在店铺里的不是销售人员，而是同样喜欢瑜伽和热爱运动的朋友。

（2）用专业的形象和温暖的问候吸引游客进店。我曾经管理过一家临街的店铺，这家店铺四周都是竞品，竞争非常激烈。当时店铺的销售顾问就是通过专业的形象和温暖的问候一次又一次成功地吸引顾客进入店铺，赢得了创造业绩的机会。我要求这家店铺的销售顾问每天都在店铺门口的一个固定位置，面向客流方向轮流站位。他们穿着制服，站姿标准，面带微笑，向过往的客流展示着十分专业的形象并传达着温暖的问候,化解了顾客的进店压力。曾经有一位顾客在买单后告诉我们,其实在进入店铺前,他并不认识我们这个品牌。他选择进入我们的店铺,是因为在整条街道的店铺中,只有我们这家店铺有销售顾问专业地站在门口迎接客人,其他品牌的店铺要么门口没有人,要么站在门口的销售顾问在玩手机。这样的反馈让店铺同事们备受鼓舞,大家都继续认真地坚持做好在店铺门口迎接顾客这件事情,为自己和店铺创造了更多的业绩机会。

(3)品牌的特色服务和体验。你还可以充分利用顾客的感官体验来吸引游客,比如销售香水或者香氛品牌,可以为顾客提供具有品牌特色的嗅觉体验。这些店铺一般都会派发香片给路过的游客,通常店铺销售顾问在派发香片给顾客的时候,都会很匆忙地为顾客介绍品牌和产品。这样不仅会让游客感觉很有压力,而且在短短几秒内也很难把品牌和产品讲清楚,游客很难产生进入店铺的意愿。如果在派发香片的时候,对顾客送出祝福的话语,让顾客感觉到愉悦,顾客就会觉得这个销售顾问不太一样,会比较容易产生进入店铺的意愿。

我曾经辅导一家香氛品牌优化香片派发的流程,我让店铺根据当季的鲜花,选择有相应花香调的香水来喷洒香片,在派发香片给顾客的时候告知顾客这个季节应季的鲜花名称和花语,这个月的生日花和花语,并送上应景的祝福,比如心花怒放、花好月圆、花容月貌等。这样的做法让顾客觉得与众不同,顾客会收下这张香片,毕竟谁不喜欢收下祝福呢?有时遇到正好是当月过生日的顾客,顾客会很愿意来到店铺继续了解这款香水。即使顾客当时没有进入店铺,也会保留香片,产品和品牌就很容易被顾客记住。当时在其中一个店铺,就发生了有顾客在几天之后拿着香片回到店铺购买产品的例子。在进行了这样的流程优化后,店铺销售顾问不再认为派发香片是一项无聊和无效的工作,怕被顾客拒绝的畏难情绪也减少了很多。销售顾问不仅从派发香片这件事情上学到了新知识和新技能,还提高了邀请顾客进店的成功率,进而提高了成交笔数和销售业绩。

◎ 小测验

现在请你继续发挥想象,结合自己的品牌和店铺想一想,你能为游客提供怎样有趣的、新鲜的、与众不同的服务或体验呢?

通过运用黄金原则和灵魂三问,我们开始和游客建立关系,让游客开始认识和了解品牌并产生兴趣,进而对品牌的

产品产生购买意向，这样一来，把游客转变为品牌的潜客的成功率就大大提高了。

应用场景 2：把潜客变成新客

在上一节中，我们学习了运用 CEM 模型的黄金原则和灵魂三问，把游客吸引到店铺里，变成对店铺、对品牌或对产品感兴趣的潜客。现在，我们继续来学习运用黄金原则和灵魂三问，让潜客产生购买行为，变成品牌的新客。

同样，我们先明确新客的定义：新客是指首次在店铺产生购买行为的顾客。

我们遵循 CEM 的黄金原则"顾客首先是'自然人'，然后才是消费者"，把自己切换到顾客的角度进行换位思考。请做一做下面的小测验。

☺ 小测验

假设你进入了一家店铺，你会在什么样的情况下决定购买产品，产生购买行为呢？

_____

_____

现在我们来启动灵魂三问。

1问：顾客现在作为"自然人"的期待是什么？

此时，顾客刚对店铺、品牌或产品产生兴趣并进入店铺，肯定期待有一个放松和友好的环境，希望店铺销售顾问针对自己感兴趣的点做进一步的介绍。这时，顾客最不期望的依然是压力。如果顾客这时感受到来自销售顾问的压力，就会马上逃走。

2问：我现在希望顾客做什么？

面对一位潜客，你现在肯定希望顾客尽快产生购买行为，尽快成交。基于这样的想法去行事，你开始向顾客推荐你希望顾客购买的产品，或推荐今天店长下达了指标的明星品，大多数销售顾问都会这么做。请注意，你推荐的这些产品有可能并不是顾客当下的第一需求，那么这样的推荐就会让顾客感受到压力。不难看出，在这个场景中，店铺销售顾问通常的做法与顾客的期待是背道而驰的。如果你的推荐不能满足顾客的期望，顾客就会离开店铺，你就失去了销售机会。

3问：我现在能为顾客做什么？

现在你从顾客的角度出发，思考一下如何给顾客营造一个放松和友好的环境，让顾客放松和安顿下来。只有顾客定下心来和你进行交流沟通，你才有机会确定顾客的第一需求，并为顾客做进一步的专业介绍和推荐，进而找到最适合的连带机会和成交机会。

我建议你可以从以下方面进行尝试。

（1）营造放松和友好的店铺氛围。现在不少店铺里都设有舒适的会客区或体验区，会为顾客准备各种饮料和点心，这些都能让顾客感受到放松和友好。店铺的音乐、灯光、香味也可以让顾客从感官上体会到放松和友好。

（2）创造非销话题。在这个时候你要避免谈论与销售相关的话题，可以先从非销话题入手开始沟通，不要让顾客感受到压力。我通常会让店铺销售顾问做一个刻意练习，即在顾客进入店铺后，与顾客沟通的头三句话不可以谈及品牌和产品，只说和销售无关的话题。我会在店铺里安排非销话题的竞赛，看哪一个销售顾问和顾客讲的非销话题数量最多，第一名可以得到其他所有同事的赞扬和一个惊喜小礼物。这样的刻意练习可以让销售顾问增加非销话题的储备，增强破冰的能力，提高后续成交的可能性。

（3）告知顾客成为品牌新客的好处。

- 这个好处可以来自品牌。例如，高端品牌能给顾客带来尊贵感，能体现顾客的地位和品位；明星代言的品牌能给顾客带来明星光环；现在几乎每个品牌都设计了有吸引力的CRM机制，其中的新客礼遇对于将潜客转化为新客就是一个很有效的工具。

- 这个好处可以来自店铺。例如，店铺能为顾客提供贴心的售中和售后服务，顾客在逛街时可以随时到店铺里小憩；有一些护肤品牌的店铺设有 VIP 美容坊，能让顾客享受更加贴心和专业的护理服务；空间大的店铺可以利用场地为顾客举办专属活动。我曾经利用一家店铺二楼的空间为店铺的 VIP 顾客举行生日聚会，我带领店员布置好场地并定制了鲜花和蛋糕，VIP 顾客则邀请家人和朋友一起来店铺，在这个专属场地庆祝生日。

- 这个好处可以来自产品。当你明确了顾客的需求和要解决的问题后，可以邀请顾客直接体验产品，同时详细地告知顾客产品的特性和使用方法，让顾客直观地感受使用效果，使顾客感受到产品的专业性。如果是服装品牌的店铺，你可以邀请顾客试穿，让顾客感受整体形象的变化；如果是彩妆品牌的店铺，你可以邀请顾客试妆，让顾客感受定制妆容的效果；如果是按摩仪器品牌的店铺，你可以邀请顾客体验按摩仪器中不同按摩模式和按摩力度带来的放松和舒缓。

- 这个好处可以来自销售顾问的专业度。作为品牌的一线大使，你参加过的各种培训让自己成为相关品类的

第 3 章 高效零售的关键：CEM 模型

专家。你可以好好利用自己掌握的专业知识，为顾客推荐最适合的产品。你还可以持续为顾客提供专业服务，成为顾客在特定品类上的专业顾问。如果你能在这个阶段获得顾客对你专业度的认可，顾客就很可能成为你的新客。

我在负责一个腕表品牌时，就设计了一套提升销售顾问专业度的方案，让每一位店经理通过店铺的日常工作，培养销售顾问成为腕表专家。销售顾问不仅要透彻理解自己的品牌，对其他品牌也要有非常全面和专业的了解，这能非常有效地帮助销售顾问赢得顾客的信任。当了解到顾客对其他竞品品牌感兴趣时，店铺的销售顾问马上就能够利用自己的专业知识向顾客介绍该竞品品牌的历史及其产品的特点，和顾客一起交流讨论。有一次，一位顾客在和我店铺的销售顾问交流沟通后，依然表示想去其他竞品品牌店铺里看一看，销售顾问很大方和自信地送走了顾客。结果，10 多分钟后，这位顾客回到了我们店铺，很爽快地购买了之前销售顾问推荐的款式，成了我们品牌的新客。通过和顾客交谈，我了解到，他发现那个竞品店铺的销售顾问在专业度方面根本比不过我店铺的销售顾问。顾客觉得我的销售顾问更专业，更信任我们。

后来，这位顾客和我店铺的这个销售顾问成了朋友，还介绍自己的朋友来店里购买，给我们带来了新的潜客，真是一举多得！

通过 CEM 模型的黄金原则和灵魂三问，可以看到，在这个阶段销售顾问希望顾客做的和顾客的期待之间可能会有冲突，这时我们要学会规避冲突，不要让顾客感受到明显的压力。我们需要为顾客营造一个放松和友好的店铺氛围，从非销话题和顾客感兴趣的内容入手，进行专业的介绍和推荐，让顾客感受到我们的专业度；明确成为新客的好处，促使顾客产生购买意图，做出购买行为，成为我们的新客。

应用场景 3：把新客变成忠诚客

当我们成功运用 CEM 模型把潜客转变为新客之后，我们可以继续发挥 CEM 模型的魔力，把新客转变为品牌的忠诚客。

同样，我们先明确忠诚客的定义：忠诚客是指多次做出购买产品行为的顾客，包括"二返"顾客、"三返"顾客和多次复购顾客。

我们先遵循 CEM 的黄金原则"顾客首先是'自然人'，

然后才是消费者",把自己切换到游客的角度,进行换位思考。请做一做下面的小测验。

💡 小测验

作为一名顾客,有什么因素会让你再次回到某家店铺购买产品呢?

_____

_____

现在我们来启动灵魂三问。

1问:顾客现在作为"自然人"的期待是什么?

(1)顾客进行了购买,成了店铺的新客,这时的顾客最不喜欢的是"人走茶凉"的感受,是那种结账走人后就没人管的感受。顾客会希望得到持续的关注和服务,比如在使用过程中有问题和疑惑的时候,可以有很方便的渠道进行沟通和咨询并及时得到响应。有些顾客会希望可以及时和店铺销售顾问分享使用感受并得到进一步的专业建议。

(2)顾客也不喜欢与"人走茶凉"相反的另外一个极端,就是被过度问候和过度推荐,即在时间间隔很短且没有挖掘出顾客新需求的情况下,反复邀请顾客回店进行购买。

(3)顾客会期待在使用产品的过程中得到愉悦和满意的感受,会期待再次回店时,看到新的陈列和体验新的服务,这能给顾客带来自我肯定，再次认可自己的选择和决定。

（4）产生了愉悦和满意的使用感受后，有些顾客会希望和自己的好朋友分享感受，希望好朋友也可以体验这样的好产品。

2问：我现在希望顾客做什么？

顾客成为新客后，你会很兴奋，因为你开始和顾客建立良好关系了，顾客对你有了初步的信任。

（1）你会很自然地希望顾客经常到店铺来购买产品，为你创造销售业绩。

（2）你也会希望听到顾客说产品很好用，感谢你为他们推荐了适合的产品，你会感受到被认可和被肯定，感受到工作带来的成就感。

从以上可以发现，你对顾客的第一点期待和顾客此时不喜欢的过度推荐可能会有冲突，而你对顾客的第二点期待和顾客这个阶段的某些期待是相辅相成的。

3问：我现在能为顾客做什么？

上面顾客的这些期待是逐步递进的，如果你能按照顾客的节奏，逐步满足这些期待，那你就能循序渐进地把新客转变为二回客、三回客和忠诚客。我建议你逐步为顾客提供以下服务。

（1）专业和友好的回访。专业的回访机制可以满足顾客在这个阶段的第一个期待。大多数品牌的回访机制都是在顾客购买离店的 3 天后进行第一次回访，目的是再次表达感谢，了解顾客使用产品的感受，解答顾客的疑问。之后的回访时间和回访目的就会因为产品特性而不同。专业度高的产品，比如腕表和音响设备，因为技术含量相对较高，顾客需要学会调试和使用，所以通常会在顾客购买 7 天后进行第二次回访，目的是确保顾客熟悉产品的性能并可以顺畅地使用产品。像服装和化妆品品类的产品，可以在顾客购买 15 天后进行第二次回访，目的是为顾客提供增值服务，比如服装的穿搭建议、彩妆的妆容建议等。在回访过程中，要与顾客进行充分的沟通和交流，顾客的反馈可以帮助你进一步了解顾客，为建立更进一步的良好关系打下基础。现在你明白公司为什么要设置顾客回访制度，并要求每一位员工认真执行了吧。所以一定要认真地做好顾客回访，体现出专业和友好的态度。如果把顾客回访当成例行公事，敷衍了事，那你一定会失去后续的业绩机会。

（2）有因可循的连带推荐。如何不给顾客造成过度推荐的感受呢？你可以通过回访挖掘顾客的新需求，然后根据新需求为顾客推荐产品，这样顾客就不会产生被过度推荐的感受了。在回访过程中，你要放下实现再次销售的念头，全心全意地倾听顾客反馈，专业地回答顾客的问题，帮助顾客更好地使用产品，同时细致地留意顾客的想法，积极地进行换位思考，敏锐地觉察顾客潜在的新需求。

比如服装品牌的销售顾问可以在回访中为顾客提供相关的穿搭建议，帮助顾客在不同的场景下穿着刚购买的衣服，提高衣服的使用率。我在辅导一家服装品牌提高顾客回购率时，要求销售顾问进行回访时要做好下面三个步骤。

- 步骤一：回访前，查看顾客前三次的购买记录，根据顾客购买的产品，准备好三张对应的搭配图片。
- 步骤二：回访中，把照片发给顾客作为搭配建议，先询问顾客家里是否有类似的服饰来进行搭配，而不是直接推荐新的产品给顾客。
- 步骤三：如果顾客希望尝试推荐的穿搭，那就可以邀请顾客再次来店，并及时确定好时间。

这样做可以让销售顾问先放下再次销售的念头，用专业能力帮助顾客更好地使用产品，顾客会对销售顾问产生进一步的信任。通过这样的回访操作，顾客的回店率环比提升了42%，30%的顾客回店后都会再次购买一件单品。我们要牢记，因为有了进一步的信任，顾客才会再一次购买。

（3）新的陈列和新的服务。你要定期调整陈列或推出新品，同时要努力在服务体验上推陈出新。我朋友开了一家美发店，她一直在想如何能为顾客提供新的服务体验，提供一些其他美发店没有的服务体验来提高自己店铺的竞争力，增强顾客的黏性。我和她讨论后，发现很多来染发和烫发的顾客都会抱怨操作时间太长。消除顾客这样的抱怨就是她能为顾客做的。通常染发和烫发的顾客因为坐的时间太长，腰部和背部会很不舒服，所以我建议她购买便携式的按摩靠背，提供给顾客在染发和烫发时使用，这样可以很好地缓解久坐带来的不适。这就是一个新的服务，顾客再次来到店里染发或者烫发时，发现有了这样的新服务，都夸赞这个新服务很人性化、很贴心，顾客黏性也增强了。

（4）产品亮点信息和公司 CRM 资源。如果顾客能够经常在不同的场合穿着刚购买的新衣服，并收到旁人的夸奖和赞美，顾客就实现了在这个阶段的第三个期待，顾客会得到自我肯定，认为自己当时购买的决定是无比正确的。你可以把明星代言和使用同款产品的信息发给顾客，引发顾客的自我肯定。顾客收到这样的信息后，可以展示给周围的人看，让别人知道自己买的是明星同款。这时顾客一定既自信又自豪。

有些顾客希望把好的产品和体验分享给自己的好朋友，你可以利用公司的 CRM 资源，比如老带新的积分奖励、老带新的倍增礼、老客二回礼、老客专享活动、新客到店礼等，邀请顾客和自己的好朋友一起来到店铺体验产品和服务，这样就有可能产生新的销售业绩。这样既满足了顾客在这个阶段的第四个期待，又匹配了你作为销售顾问的期望，既有可能产生新的业绩，获得新客，还能收获被顾客认可的成就感。

当你提供了与顾客期待相匹配的服务和体验，顾客对你的信任就会逐步加强，你和顾客之间的良好关系也会不断巩固，顾客会两次、三次甚至多次返回店铺，这样产生再次购买的机会就增加了，顾客也就逐步地从新客转变为忠诚客了。

应用场景 4：把忠诚客变成 KOC

把顾客从游客转变为忠诚客后，CEM 模型可以继续发挥魔力，把忠诚客转变为 KOC。虽然顾客中能成为 KOC 的人不多，但是 KOC 非常值得销售顾问去发掘，因为 KOC 的影响力可以助力销售顾问更高效地实现业绩目标，发挥四两拨千斤的作用。

同样，我们先明确 KOC 的定义：KOC 就是关键意见消费者，一般指能影响自己的朋友和粉丝产生消费行为的消费者，可以被视为品牌的代言人。KOC 是顾客中的意见领袖，用现在流行的说法就是带货能力很强的顾客。

我们先遵循 CEM 的黄金原则"顾客首先是'自然人'，然后才是消费者"，把自己切换到游客的角度，进行换位思考。请做一做下面的小测验。

◎ 小测验

作为一个品牌的忠诚客，你想成为一名 KOC 吗？你为什么想成为一名 KOC 呢？

_____

_____

现在，越来越多的品牌会邀请 KOC 参加活动，因为 KOC 不仅是真实的消费者，而且是品牌忠实的消费者，对品牌有全面的了解，积累了丰富、真实的产品使用体验和服务体验。KOC 的分享能更有效地唤起其他消费者的共鸣，更容易赢得其他消费者的信任，从而带动朋友和粉丝产生购买行为。

当然，并不是所有忠诚客都愿意成为 KOC，这与顾客的性格有一定的关系。让我们再次启动灵魂三问，探索如何把忠诚客转变为 KOC。

1 问：顾客现在作为"自然人"的期待是什么？

忠诚客拥有长期使用产品和享受服务的体验，其中一些顾客喜欢钻研、分享和交流，他们希望成为品牌消费者中的佼佼者，这样的顾客就是可以转变为 KOC 的目标顾客。

- 服装品牌的忠诚客中有对服饰穿搭很有造诣的顾客，他们每一次来店时的造型或朋友圈照片里的造型都很有特色。
- 护肤品牌的忠诚客中有对按摩手法很有心得的顾客，他们的肌肤状态非常好，通常看上去比同龄人年轻。
- 彩妆品牌的忠诚客中有妆容造型的高手，他们总是能够根据当下的流行趋势打造出适合自己的潮流妆容。
- 腕表品牌的忠诚客中有对机芯很有研究的顾客，他们对手表机芯的类型和发展历史如数家珍。
- 餐具品牌的忠诚客中有对餐桌摆设有独特品位的顾客，他们时常在家里设置家宴招待亲朋好友。

这样的忠诚客往往乐于分享，期待与志趣相投的人交流。他们期待成为消费者中的品牌专家，通过适当的舞台展示自己，获得与品牌的关键人物如设计师、首席化妆师或者品牌负责人见面的机会。

2 问：我现在希望顾客做什么？

你现在肯定希望顾客为你的品牌和产品代言，多转发品牌信息，多展示自己对品牌的热爱，带动身边的朋友来到店铺，体验产品和服务，最终完成购买。

3问：我现在能为顾客做什么？

这种时候顾客的期待和你的期待有一定的相同之处，你要努力扩大相同之处，实现更大程度的共赢。你可以为这样的忠诚客提供不同的舞台来展示其特长，体现他们的专业度，让他们感受到被认可，满足他们想成为品牌消费者中的佼佼者的期待。

- 可以邀请服装品牌的忠诚客参加品牌设计师见面活动，让他们与自己欣赏的设计师零距离交流，并作为KOC分享自己的服饰搭配心得，现场与设计师一起展示服饰搭配功力。我在辅导一个设计师品牌集合店项目的时候，就组织过针对VIP顾客的设计师见面会及新品发布活动。当时店铺的销售顾问专门邀请了特别钟情于某位设计师的VIP顾客来店里和设计师见面畅聊、试穿新品。为顾客拍照后，销售顾问会立刻修图并配上文字素材发给顾客，为顾客提供可以一键转发的传播素材。
- 可以邀请护肤品牌的忠诚客参加美丽课堂活动，分享保养心得和按摩手法，呈现自己最光彩的一面，收获自己的粉丝。

- 可以邀请彩妆品牌的忠诚客参加美妆造型活动，现场运用当季最新产品展示化妆手法和色彩搭配功力。
- 可以邀请手表品牌的忠诚客参加手表工艺活动，亲自动手操作，与专业制表师一起分享对机芯的研究心得，体现自己的专业度。
- 可以邀请餐具品牌的忠诚客参加新品发布会，与品牌专家一起设计新品陈列方式，展示自己的鉴赏能力。

在这里跟大家分享一个送忠诚客生日礼物的案例。在大部分情况下，品牌的忠诚客都是重要的大客户，每年给这些大客户送生日礼物是一项很重要的工作。通常来说，品牌方会把精选产品或定制礼品作为大客户的生日礼物。但是，生日每年都有，每年都送产品，大客户会觉得没有新意；定制礼品的创意也很有限，其他竞品品牌同样可以做，体现不出品牌的特点。因此，送什么生日礼物给这些忠诚的大客户是一个让人比较头疼的事情。

我在一个品牌旗下工作的时候，就运用 CEM 模型解决了这个难题。我对忠诚客的期待做了这样的分析：既然已经是品牌的忠诚客，这些大客户最不缺的就是产品，因此，如果把产品作为生日礼物，顾客会知道这只是一个维护关系的常规动作，多多少少会产生销售顾问在例行公事的感觉。这肯定不是送生日礼物想要达到的效果，销售顾问的初衷是利用好这个一年一次的机会，增强品牌与大客户之间的联系，让他们对品牌更有归属感，为品牌代言。

那作为品牌的忠诚客，顾客现在期待品牌送出什么生日礼物呢？在进行了换位思考后，我觉得顾客期待的生日礼物更应该是与品牌文化密切相关的、非常具有品牌特点、市场上买不到的、普通顾客没有的东西。这样的礼物最能凸显顾客在品牌心中的地位，最能体现顾客对品牌内涵的理解，而且这样的礼物会特别符合高端品牌忠诚客的期待，可以很好地体现和证明顾客选择这个品牌是因为他们认同品牌文化，而不仅仅是因为他们有足够的经济实力。换句话说，这样的礼物能体现忠诚客的内涵，而不是仅仅体现他们的富有。符合"与品牌文化密切相关的、非常具有品牌特点、市场上买不到的、普通顾客没有的"这个要求的物品，就是忠诚客生日礼物的最佳选择。按照这样的思路，我为历年的忠诚客准备了以下这些生日礼物。

- 品牌创始人珍贵的传记。
- 有设计师签名的产品设计手稿。
- 品牌创始人亲手制作的蜡烛。
- 为顾客定制的缩小版产品陈列架。
- 用于收藏整套产品系列的定制版收藏盒。

大客户收到这样的生日礼物后会感到很惊喜，因为这样的生日礼物正好满足了他们的期待，他们甚至愿意亲自到店铺取礼物。对于愿意来店铺的忠诚客，销售顾问可以顺势在店铺内为他们举办一场精致的小型生日会。通常在这种气氛非常融洽和放松的场景中，大客户会再次购买产品，业绩自然而然就提升了。更棒的是，有一些忠诚客在朋友圈展示他们收到的生日礼物和店铺为他们举办的生日会，这样的行为就是在为品牌代言，这才是每年送顾客生日礼物应该要达到的效果。

我自己也有成为品牌 KOC 的切身经历。我儿子从小学开始参加一个青少年营地教育品牌旗下的各种冬令营和夏令营。因为我个人比较认同这个品牌倡导的青少年成长教育理念，而且孩子每次活动回来都告诉我他很有收获，所以我和儿子逐渐成为这个品牌的忠诚顾客。专属教官会根据我儿子的年龄和喜好推送相关活动信息给我，也会推送我感兴趣的教育讲座信息给我。

在一次国内营地教育的峰会上，这个品牌的创始人邀请我作为家长代表参加，在圆桌会谈中发言。作为品牌的忠诚客，我很愿意分享我认同的教育理念，分享孩子参加活动的感受和收获。在这样的场合，我还能了解到更前沿和全面的青少年教育的信息，能认识理念相同的朋友。同时，能够成

第 3 章 高效零售的关键：CEM 模型

为家长代表上台发言也是对我价值的一种认可，这些都是我作为忠诚客的期待，参加这次峰会可以很好地满足我的这些期待。在活动后，我很开心地发了朋友圈，让更多的朋友了解了这个品牌和他们的产品。之后，这次活动的推文在品牌的公众号和家长群中发布，我积极地参与家长微信群里的互动，和品牌的创始人交流孩子的教育话题。我还推荐了这个品牌给家里有孩子的好朋友。我的好几位朋友也送他们的孩子参加了这个品牌旗下的各种活动。这就是一个典型的为忠诚客提供机会，让忠诚客体现自己的价值，把忠诚客转变为 KOC 的成功案例，品牌不但收获了我这个 KOC 为他们代言，还收获了不少新客。

如果我们继续施展 CEM 模型的黄金原则和灵魂三问的魔力，就能为忠诚客提供一个可以展示自己才华的舞台，并打造专属于他们的高光时刻，品牌的忠诚客就有可能转变为 KOC。与此同时，我们要适当地为 KOC 提供试用新品的专属福利，让他们优先免费体验新服务，再加上适当运用老带新的奖励机制，KOC 就会动力倍增，积极地为品牌和产品代言，影响身边的朋友和其他顾客喜欢上品牌，介绍或陪伴朋友到店铺体验产品和服务，进而为店铺的业绩创造可靠的增长点。

用 CEM 模型管理好全部顾客

在现代商业社会中,顾客体验是一项越来越重要,但又充满挑战的任务。要发掘和明确顾客的需求是每一个品牌的零售人必须下苦功、花心血完成的一项重要任务。各个行业都在进行尝试,我们可以看到不少成功的例子。例如,健身行业中的新兴品牌超级猩猩就抓住了以下这些精准的顾客需求,为目标顾客提供了相匹配的卓越体验。

- 需求:顾客不愿意办长期健身卡。
  体验:超级猩猩不办季卡、年卡,单次购买,随时随地自由购买。
- 需求:顾客希望随时随地健身。
  体验:超级猩猩在地铁口、写字楼旁边等人群聚集、交通便利的地方开设健身房,采用刷卡自助进入模式。
- 需求:顾客希望与有趣的伙伴一起健身。
  体验:超级猩猩提供有趣、有活力的专业教练。
- 需求:顾客希望通过运动认识志同道合的新朋友。
  体验:超级猩猩提供了各类丰富的团课。

再举一个例子,丝芙兰推出的支持试妆的化妆魔镜,利用增强现实(augmented reality,AR)技术实时展示化妆品在顾客脸上的使用效果。顾客只需要下载并安装免费的 app,内置的 AR 魔镜就会捕捉顾客的面部特征。当顾客点触手机屏幕上的各类化妆品如眼影、口红后,摄像头就能通过"视频流"将这些化妆品"涂抹"到顾客脸部的相应位置,顾客转动头部就能从不同角度看到上妆的效果。这样的体验完美地满足了美妆顾客想试用更多彩妆产品的期待和需求,非常有助于提升业绩。

当然,也有一些因为没有准确把握顾客需求而失败的例子。我曾经合作过的一家金融机构在一场活动中为 VIP 顾客提供当时很流行的爱彼迎(Airbnb)住宿体验。也就是说,VIP 顾客到一个地方旅游时,可以住进当地居民家空置的房间。但是,很多 VIP 顾客平时住在别墅里,家里有保姆,出门都是住五星级酒店并享受高端服务。当他们知道要住在别人家里的时候,都非常排斥,他们觉得这样的住宿体验非常没有安全感和尊贵感。这样的安排让整个 VIP 活动一度陷入被动和尴尬的局面,带来了负面的影响。这样的体验对于顾客来说是一次"非常失败的体验",失败的原因在于品牌负责人没有细致地了解 VIP 顾客的习惯和喜好,错误地预判了 VIP 顾客的期待和需求。

以上例子足以说明，准确了解顾客的期待和需求是提供卓越的顾客体验和管理好顾客关系的关键前提和基础。CEM模型的第一步就是了解顾客的期待。

在这一章中，你学习了CEM模型的工作原理、CEM模型的黄金原则和灵魂三问。通过四个应用场景的示例和具体分析，你知道了如何运用CEM模型把游客转变为潜客，再转变为新客、忠诚客，最后转变为KOC，这样的转变过程其实就是你和顾客关系的发展过程。

你在工作中会同时管理很多段处于不同阶段的顾客关系，每一段关系都需要持续地维护和升级。把CEM运用到不同阶段的顾客体验管理中，你就能做好顾客关系管理，从而创造卓越的销售业绩。

我们一起来回顾本章的重点内容。

- 以顾客为中心的CEM模型。
- 了解CEM模型的黄金原则：顾客首先是"自然人"，然后才是消费者。
- 学习运用CEM原则的灵魂三问。

　　1问：顾客现在作为"自然人"的期待是什么？

　　2问：我现在希望顾客做什么？

　　3问：我现在能为顾客做什么？

第 3 章 高效零售的关键：CEM 模型

运用这三个问题找到自己与顾客之间的潜在冲突，避开这些冲突，发掘并扩大自己与顾客之间的共赢目标，只要以此作为行动指引，提供符合顾客期待的服务和体验，就能逐渐增进你和顾客之间的信任，实现双方的共赢。

为了更好地学以致用，我建议每一位零售人养成以下两个工作习惯，更有效地通过 CEM 模型进行顾客体验管理和顾客关系管理。

（1）制作一个顾客记录本或使用顾客资料表，记录每一位顾客的关键信息和特别信息，并及时更新。关键信息和特别信息是发掘顾客期待和需求时的重要资料。下面和你分享我为某品牌设计的 VIP 顾客资料表的一部分（见图 3-3），帮助你理解什么是关键信息和特别信息。

客户姓名：	性别：	年龄：	出生日期：	星座：	属相：
星座幸运石：	月份花语：	从事职业：	国籍：	籍贯：	婚姻状况：
子女数量：	性别：	年龄：	子女婚否：		
最高学历：	是否有过留学经历：	留学时长：	留学国家：	是否可以英文对话：	其他语言：
最喜爱的颜色：	最喜欢的花卉：	最喜爱的休闲活动：	最喜爱的度假胜地：		
最在意的人：	最乐于交谈的话题：		最要避免谈论的话题：		

图 3-3　VIP 顾客资料表（部分）

图 3-3 中画圈的项目就是关键信息和特别信息。星座幸运石和月份花语是通过顾客的生日延伸出来的信息，这两个信息可以很好地帮助你与顾客展开非销话题，让你找到为顾客推荐产品的强力理由。如果这个顾客是你的大客户，你就

要清楚地知道他最在意的人、最喜爱的度假胜地和一定要避开的话题。你可以问自己一个问题：如果你不知道 VIP 顾客的这些信息，那么他真的是你的 VIP 顾客吗？

"是否可以英文对话"这条信息可以让你在与顾客沟通时避免语言带来的尴尬。VIP 顾客对我们来说很重要，他们一定希望时刻保持体面，所以要在各种细节上做到位，千万不要因小失大。

（2）定期盘点和更新顾客资料。顾客的状态是在持续变化的，你要及时更新顾客资料。定期盘点顾客资料能确保你手头的顾客资料是准确和有效的。作为零售人，你要明白和接受一点：无论做得再好，总会有一定比例的顾客会随着时间疏远和流失，这是非常正常的。通过定期盘点顾客资料，掌握不同级别顾客的数量，你会对自己手头的顾客资源了如指掌，比如：有多少位潜客、多少位新客、多少位忠诚客、多少位 KOC，以及这些顾客对业绩贡献比例各是多少，这些你都要掌握得一清二楚。

定期盘点顾客资料还能够让你最大化地利用身边的可用资源。你应该听说过著名的二八法则，即 80% 的业绩通常来自 20% 的顾客。通过定期盘点顾客资料，你可以锁定有望升级的顾客，高效地分配有限的公司资源，制订精准的行动方案，对贡献了 80% 业绩的 20% 的顾客进行重点维护和升级，实现"好钢用在刀刃上"的效果。

希望你通过本章内容学会在实际工作中有理论、有方法地进行高效的顾客管理，有的放矢地进行顾客升级，把顾客关系管理得如鱼得水，稳步提升自己的业绩。

强化练习

1. 全感官体验

你如何让顾客在店铺中获得全感官的卓越体验？

视觉：

听觉：

嗅觉：

味觉：

触觉：

意识：

2. CEM 模型

(1) 你成功运用"CEM 模型：期待—体验—归属感"的实例1。

顾客的期待：_____

顾客的体验：_____

顾客的归属感：_____

(2) 你成功运用"CEM 模型：期待—体验—归属感"的实例2。

顾客的期待：_____

顾客的体验：_____

顾客的归属感：_____

(3) 你成功运用"CEM 模型：期待—体验—归属感"的实例3。

顾客的期待：_____

顾客的体验：_____

顾客的归属感：_____

3. 黄金原则

顾客进店时，运用黄金原则，首先把顾客当作"自然人"，你会留意到。

顾客的情绪状态：_____

顾客的身体状态：_____

顾客携带的物品：

顾客随行的人员：

店内环境是否让顾客感到舒适：

4. 灵魂三问

（1）一位中年女顾客带着约十几岁的孩子进入店铺，你发出的"灵魂三问"。

1问：顾客现在作为"自然人"的期待是什么？

2问：我现在希望顾客做什么？

3问：我现在能为顾客做什么？

（2）一对年轻夫妻进入店铺，你发出的"灵魂三问"。

1问：顾客现在作为"自然人"的期待是什么？

2问：我现在希望顾客做什么？

3问：我现在能为顾客做什么？

（3）几个年轻人进入店铺，你发出的"灵魂三问"。

1问：顾客现在作为"自然人"的期待是什么？

2问：我现在希望顾客做什么？

3问：我现在能为顾客做什么？

（4）一位顾客单独进入店铺，你发出的"灵魂三问"。
1问：顾客现在作为"自然人"的期待是什么？

2问：我现在希望顾客做什么？

3问：我现在能为顾客做什么？

（5）一家三口进入店铺，你发出的"灵魂三问"。
1问：顾客现在作为"自然人"的期待是什么？

2问：我现在希望顾客做什么？

3问：我现在能为顾客做什么？

第 4 章

CHAPTER 4

高效零售的催化剂
会讲故事

Efficient Rules
of Top Sales

认知自我性格

讲故事是零售人每天都在做的事情,好的故事会成为销售爆单的催化剂。在这一章,我带你来学习如何讲好一个故事,如何通过讲故事提升业绩。

要想成为一个会讲故事的零售人,我建议你先学习一些关于性格类型的基础知识,一来可以更好地了解自己,知道在讲故事的时候如何运用自己的性格优势;二来可以更好地理解不同性格类型的顾客,用顾客喜欢的方式讲故事,提高成交的可能性。

你可以找到各种各样的性格分类系统和测试问卷,它们来源于不同的理论体系,并有不同的侧重点,适用于不同的场景。根据多年零售管理的经验,我选择了行为特质动态衡量系统(professional dyna-metric programs,PDP),这是一个用来衡量个人的行为特质、活力、动能、压力、精力及能量变动情况的系统。PDP 根据人的行为特质,将人分为五种类型:支配型、外向型、耐心型、精准型和整合型。

为了让人们更好地理解这个系统,PDP 系统将这五种类型的个性特质进行了形象化,把这五种类型的人分别称为"老虎"(支配型)、"孔雀"(外向型)、"考拉"(耐心型)、"猫头鹰"（精准型）和"变色龙"（整合型）。通过这些动物形象，你可以很快地估计出每一种类型个性的大概特征。

现在你一定很好奇自己是什么性格类型吧，那就赶紧测试一下吧。

请你使用下面的问卷进行测试，然后对照解读信息来确定自己的性格类型。

请你根据直觉完成如表 4-1 所示的测试，每道题都请勾选出你认为最符合你的描述选项。

表 4-1　PDP 性格测试——测测你属于哪种性格类型

1. 你做事是一个值得信赖的人吗？				
A. 完全不同意	B. 比较不同意	C. 不确定	D. 比较同意	E. 完全同意
2. 你的个性温和吗？				
A. 完全不同意	B. 比较不同意	C. 不确定	D. 比较同意	E. 完全同意
3. 你非常有活力吗？				
A. 完全不同意	B. 比较不同意	C. 不确定	D. 比较同意	E. 完全同意
4. 你善解人意吗？				
A. 完全不同意	B. 比较不同意	C. 不确定	D. 比较同意	E. 完全同意
5. 你很独立吗？				
A. 完全不同意	B. 比较不同意	C. 不确定	D. 比较同意	E. 完全同意
6. 你受人爱戴吗？				
A. 完全不同意	B. 比较不同意	C. 不确定	D. 比较同意	E. 完全同意
7. 你做事认真且正直吗？				
A. 完全不同意	B. 比较不同意	C. 不确定	D. 比较同意	E. 完全同意
8. 你很富有同情心吗？				
A. 完全不同意	B. 比较不同意	C. 不确定	D. 比较同意	E. 完全同意
9. 你有说服力吗？				
A. 完全不同意	B. 比较不同意	C. 不确定	D. 比较同意	E. 完全同意

（续）

10. 你很大胆吗?				
A. 完全不同意	B. 比较不同意	C. 不确定	D. 比较同意	E. 完全同意
11. 你是个做事精确的人吗?				
A. 完全不同意	B. 比较不同意	C. 不确定	D. 比较同意	E. 完全同意
12. 你适应能力强吗?				
A. 完全不同意	B. 比较不同意	C. 不确定	D. 比较同意	E. 完全同意
13. 你的组织能力好吗?				
A. 完全不同意	B. 比较不同意	C. 不确定	D. 比较同意	E. 完全同意
14. 你是否积极主动?				
A. 完全不同意	B. 比较不同意	C. 不确定	D. 比较同意	E. 完全同意
15. 你很容易害羞吗?				
A. 完全不同意	B. 比较不同意	C. 不确定	D. 比较同意	E. 完全同意
16. 你强势吗?				
A. 完全不同意	B. 比较不同意	C. 不确定	D. 比较同意	E. 完全同意
17. 你镇定吗?				
A. 完全不同意	B. 比较不同意	C. 不确定	D. 比较同意	E. 完全同意
18. 你很喜欢学习新东西吗?				
A. 完全不同意	B. 比较不同意	C. 不确定	D. 比较同意	E. 完全同意
19. 你反应快吗?				
A. 完全不同意	B. 比较不同意	C. 不确定	D. 比较同意	E. 完全同意
20. 你性格外向吗?				
A. 完全不同意	B. 比较不同意	C. 不确定	D. 比较同意	E. 完全同意
21. 你是个注意细节的人吗?				
A. 完全不同意	B. 比较不同意	C. 不确定	D. 比较同意	E. 完全同意
22. 你爱说话吗?				
A. 完全不同意	B. 比较不同意	C. 不确定	D. 比较同意	E. 完全同意
23. 你的人际协调能力好吗?				
A. 完全不同意	B. 比较不同意	C. 不确定	D. 比较同意	E. 完全同意
24. 你做事很勤劳吗?				
A. 完全不同意	B. 比较不同意	C. 不确定	D. 比较同意	E. 完全同意

（续）

25. 你很慷慨大方吗？				
A. 完全不同意	B. 比较不同意	C. 不确定	D. 比较同意	E. 完全同意
26. 你处事很小心翼翼吗？				
A. 完全不同意	B. 比较不同意	C. 不确定	D. 比较同意	E. 完全同意
27. 你令人愉快吗？				
A. 完全不同意	B. 比较不同意	C. 不确定	D. 比较同意	E. 完全同意
28. 你传统吗？				
A. 完全不同意	B. 比较不同意	C. 不确定	D. 比较同意	E. 完全同意
29. 你亲切吗？				
A. 完全不同意	B. 比较不同意	C. 不确定	D. 比较同意	E. 完全同意
30. 你的工作非常有效率吗？				
A. 完全不同意	B. 比较不同意	C. 不确定	D. 比较同意	E. 完全同意

以上各题的选项的分值为：A=1；B=2；C=3；D=4；E=5，请按照以下计算规则统计得分，找到对应性格类型，如表4-2所示。

表4-2 PDP性格测试计算规则及对应性格类型

	计算规则	得分总计	对应性格类型
第一项	（第5、10、14、18、24、30题得分相加）		老虎
第二项	（第3、6、13、20、22、29题得分相加）		孔雀
第三项	（第2、8、15、17、25、28题得分相加）		考拉
第四项	（第1、7、11、16、21、26题得分相加）		猫头鹰
第五项	（第4、9、12、19、23、27题得分相加）		变色龙

结论：我的主要性格类型是

PDC 性格测试解读：

- 如果某项的分数远远高于其他四项，你就具备该性格类型的典型属性。
- 如果某两项的分数明显超过其他三项，你就同时具备这两种性格类型的属性，依此类推。
- 如果某项的分数特别低，其他项的分数相对平均，你就缺乏该性格类型的属性。

你现在已经知道自己的性格类型了。测试结果和测试前你的预测一样吗？如果你发现测试结果和你对自己的认知不一样，不用怀疑和担心，因为人的性格是具有多面性和阶段性的。人的性格类型在不同的环境下或在不同的经历之后会发生阶段性的改变。

同时，人的性格类型也会有"隐藏性"，有时隐藏的性格会在压力之下浮现，使人做出与平常不一样的行为。只要你刚才在做测试的时候是按照第一直觉作答并按照要求计算分值的，就可以相信测试结果就是你当下的性格类型。

不同性格类型的特征

上一节介绍了性格类型，现在我们来解读不同性格类型的特征。

第4章 高效零售的催化剂：会讲故事

1. 支配型（老虎）

支配型性格的特征如图 4-1 所示。

性格特征：
- 直接、果断、行动力强
- 勇敢、喜欢挑战与竞争
- 好胜心强，结果导向
- 独立、自我意识强
- 不容易接受他人建议，爱发表评论
- 喜欢发号施令，不喜欢接受命令

- 老虎型（支配型）
- 内心需求：权威感

图 4-1 支配型性格

2. 外向型（孔雀）

外向型性格的特征如图 4-2 所示。

性格特征：
- 喜欢表达与表现自己
- 很在意别人对自己的看法
- 喜欢被关注和被鼓励
- 擅长带动气氛
- 喜欢接触新鲜事物，富有创意
- 感情外露、易情绪化

- 孔雀型（外向型）
- 内心需求：被赞美

图 4-2 外向型性格

3. 耐心型（考拉）

耐心型性格的特征如图 4-3 所示。

115

性格特征：

- 富有耐心、平易近人
- 喜欢稳定、安全的环境
- 不喜欢冲突和压迫感
- 喜欢一切按计划进行，不喜欢突发状况
- 决策时需要较长时间，容易受干扰
- 不喜欢主动发生改变

- 考拉型（耐心型）
- 内心需求：稳定感

图 4-3　耐心型性格

4．精准型（猫头鹰）

精准型性格的特征如图 4-4 所示。

性格特征：

- 喜欢理性思考、擅长分析
- 注重计划，注重条理性和精准度
- 注重细节，对数据敏感，追求完美
- 原则性强，注重明确的规则
- 循规蹈矩，容易钻牛角尖

- 猫头鹰型（精准型）
- 内心需求：专业度

图 4-4　精准型性格

5．整合型（变色龙）

整合型性格的特征如图 4-5 所示。

性格特征：

- 适应性强，灵活度高
- 配合度好，团队的润滑剂
- 协调性好，善于整合资源
- 擅长自我保护和避免冲突
- 处事圆融，不会表达出明确观点
- 能够在前面四种类型中切换

- 变色龙型（整合型）
- 内心需求：匹配感

图 4-5　整合型性格

你有没有从中看到自己的影子呢？

请注意，这些性格类型没有好坏之分、没有优劣之分，只不过不同性格类型的特点，是人与人之间的不同之处。你完全不需要因为自己是"老虎"而高兴，也不需要因为自己是"考拉"而担心。

了解自己的性格类型是为了更加全面地了解自己，从而找到最适合自己的工作环境、与他人的沟通方式和相处之道。和你一样，顾客拥有不同的性格类型，你需要运用不同的策略和技巧与顾客沟通。下一小节我们就来练习如何快速精准地判断顾客的性格类型。

判断顾客的性格类型

不同性格类型的顾客会有不同的想法和行为，也就形成了不同的个人喜好和风格。现在的品牌都非常强调为顾客提供定制化的产品和服务，原因就是顾客越来越不喜欢千篇一律的体验。本书第 3 章介绍了 CEM 模型，如果能够对顾客的性格类型做出比较准确的判断，你就能更准确地预估顾客的期望，为顾客提供更加匹配的体验，从而增进顾客对你的信任，增强顾客对品牌的归属感。

在前一个小节，我向你介绍了不同性格类型的内心需求和性格特征，你也了解了自己的性格类型，在本小节你将学习如何快速精准地判断顾客的性格类型，来实现高倍的转换成交。对客流量大和销售节奏快的店铺来说，能够快速判断顾客性格类型这个本领尤为重要。拥有了这个本领，就可以大大提高与顾客沟通的效率，做到"说对话，卖对货"。

我精心提炼总结了判断顾客性格类型的一套功夫，分为四个招式——望、问、闻、切。望、闻、问、切这套用语来源于博大精深的中医文化，望是指观气色，闻是指听声息，问是指询问症状，切是指摸脉象。销售顾问在面对顾客的时候也可以通过望、闻、问、切这四个动作来快速判断顾客性格类型，因此我就借用了这套用语。同时，我按照零售场景的特点，对这套用语的顺序做了相应的调整，把"问"放在了"闻"的前面。

在实际的销售场景下，这套"望、问、闻、切"功夫中每一个动作的具体定义如下。

- **望**：销售顾问通过眼睛观察顾客的外部特征，做出首次判断。顾客的外部特征包括面部表情、妆容、衣着、配饰、肢体语言等。

- **问**：销售顾问根据首次判断问候顾客，进行破冰，通过顾客的回复方式做出二次判断。
- **闻**：销售顾问与顾客交流，用耳朵去听顾客的语言特征，做出三次判断。顾客的语言特征包括说话的语气、语调、语速、音量和口头禅等。
- **切**：销售顾问通过望、问、闻进行三次判断和修正后，用顾客喜欢的沟通方式，讲他们喜欢的故事。

这一套功夫是层层递进的，各个招式之间前后衔接、环环相扣。在顾客进店之前，你就可以使用"望"这一招。这一招对客流量大和销售节奏快的店铺的销售顾问来说绝对是一个"大招"，一定要练好。要练就一双火眼金睛，让高效销售在顾客进店之前就发生。你通过"望"对顾客性格类型进行首次判断，然后用"问"和"闻"这两招对首次判断进行确认和修正。用完"望""问""闻"这三招之后，你对顾客性格类型的判断就八九不离十了。这时，你可以根据顾客性格类型，用顾客喜欢的方式与他们沟通，讲他们想要听到的故事，这就是最后一招——"切"。

表4-3至表4-7是我总结归纳的针对不同性格顾客的"望、问、闻、切对照表"，非常实用和高效，你赶紧用起来吧！

表 4-3 望、问、闻、切对照表（老虎型）

	面部表情	面部妆容	着装风格	配饰特点	肢体语言
望（首次判断）	表情严肃，眼神直接	有质感，干净但有重点，或者不化妆	款式大气（如廓形），面料硬朗，纯色（深色或者亮色），或者不修边幅	大配饰或者无配饰	动作快而且干脆，幅度较大

	适用的破冰方式		回复方式
问（二次判断）	用"您"称呼，保持跟随在顾客后方	示例："您刚进来，我就感受到一股强大的气场。"	简洁，比如"嗯"，或者不回复

	语气语调	语速	音量	口头禅
闻（三次判断）	命令式口吻，有压迫感，语调急促	语速快	较洪亮	"把那个拿下来我看下" "我知道什么适合我，不喜欢这样的" "我要这个"

	喜欢的故事类型	适用的沟通技巧		
切（讲述故事）	结果型的故事	先讲故事的结果	适度介绍，跟随顾客节奏不要反驳和说教	语速同频，语言简练	赞美顾客的决定表达"崇拜"

第4章 高效零售的催化剂：会讲故事

表4-4 望、问、闻、切对照表（孔雀型）

	面部表情	面部妆容	着装风格	配饰特点	肢体语言
望（首次判断）	表情丰富，喜欢目光交流	妆感明显，妆容精致甚至夸张，常有闪亮元素	款式新潮大胆，细节多，颜色鲜艳或对比鲜明	常有闪亮元素，多为金属质地，显眼，较繁复	动作丰富甚至夸张，幅度大

	适用的破冰方式			回复方式	
问（二次判断）	直接夸赞，表达喜欢，多用感叹的语气词	可以用"亲"称呼，较近距离的侧面跟随	示例："哇，您这副耳环好时尚呀！"	爱交流，会接着话题说下去	

	语气语调	语速	音量	口头禅	
闻（三次判断）	语调有起伏，让人觉得很热情	语速快	声音大，希望引起注意	"哇，这个是最新款吗？""这个好漂亮呀！""我穿这件肯定很好看""镜子在哪里，我要照一下"	

	喜欢的故事类型		适用的沟通技巧		
切（讲述故事）	美好型的故事	着重描述故事中的细节和情感	多聊非销，控制节奏	主动引发话题，做到快速响应	夸赞选择，认同感受

121

表4-5 望、问、闻、切对照表（考拉型）

望（首次判断）

面部表情	面部妆容	着装风格	配饰特点	肢体语言
表情和蔼可亲	简单的淡妆、裸妆或者不化妆	款式简单，颜色以素色为主，面料柔软（如棉麻质地）	少有配饰	动作隐蔽，动作慢

问（二次判断）

语气语调	适用的破冰方式	回复方式	
语调平稳，询问的语气较多	有礼貌的问候，不要太热情；侧面跟随时保持一定距离。示例："您好，欢迎来到×××，我是×××，有需要可以随时找我。"	会用"哦"回复，有礼貌地点头或者微笑	不太愿意有直接的眼神接触

闻（三次判断）

语速	音量	口头禅
语速慢	声音轻柔，音量不大	"这个真的适合我吗？" "可以给我看看这个吗？" "我要问问我的朋友"

切（讲述故事）

喜欢的故事类型	适用的沟通技巧	肢体语言
关爱型的、有安全感的故事	着重讲述故事中的良好关系；耐心引导，鼓励尝试，关心好顾客的同行伙伴；关心式介绍，多询问感受	避免施压，给足够的时间和空间

第 4 章 高效零售的催化剂：会讲故事

表 4-6 望、问、闻、切对照表（猫头鹰型）

		面部表情	面部妆容	着装风格	配饰特点	肢体语言
望（首次判断）		少有面部表情，眼光犀锐	简洁干净的淡妆或者不化妆	款式简单，衣着整洁，有一定细节	少有配饰	动作少而且不易被看到

		语气语调	适用的破冰方式	着装风格	回复方式	
问（二次判断）		专业的问候，不要太热情	侧面跟随时保持一定距离	示例："您好，我是这里的专业销售顾问×××，随时为您提供专业服务。"	少有回复，不理不睬，时常看手机	

		语气语调	语速	音量	口头禅	
闻（三次判断）		语调平稳，语气让人觉得冷漠	语速不快，有自己的节奏	音量中等	"这个产品的功效是什么？" "这个里面有什么成分？" "现在的活动力度有多大？" "对我有什么好处？"	

		喜欢的故事类型	适用的沟通技巧			
切（讲述故事）		专业和实用的故事	着重讲述故事中的专业细节，实用数据和实际好处	体现专业度，多用数据和实例；表达精准，避免模糊用词	适当赞美顾客的专业度	表达有条理性，多用"第一、第二、第三"这样的表达方式

123

表 4-7 望、问、闻、切对照表（变色龙型）

	面部表情	面部妆容	着装风格	配饰特点	肢体语言
望（首次判断）	表情随和平静	淡妆，或者不化妆	款式比较大众化	少有配饰	动作少

	适用的破冰方式		回复方式	
问（二次判断）	礼貌和友好的问候	可以在侧面稍近的距离跟随顾客	示例："您好，欢迎来到×××。今天的天气真舒服，适合出来逛逛。"	礼貌地回复和点头

	语气语调	语速	音量	口头禅
闻（三次判断）	语调随和 语气让人觉得友好	语速适中，有停顿	音量中等	"这里氛围不错" "我觉得都可以的" "挺好的"

	喜欢的故事类型	适用的沟通技巧		
切（讲述故事）	顾客愉快购物的故事	建立和谐的沟通氛围	适度赞赏顾客的灵活性，感谢顾客的随和与友好	重点表达顾客的选择是在大多数情况下不违和的，能适用于多种场景，可以灵活搭配的

第 4 章　高效零售的催化剂：会讲故事

讲故事的本质

很多时候，顾客在店铺里听到的并不是故事，而是店铺销售顾问在背诵培训资料，或者在按照千篇一律的销售流程告诉顾客产品的功能和特性。对于这样的内容，顾客是无感的，也不会被打动。然而，当你是一个消费者的时候，你一定有因为店铺销售顾问讲了一个好故事而购买产品的经历。你可以回忆一下，除了介绍品牌特点和产品特性之外，店铺销售顾问在当时讲的故事一定满足了你那个时候的情感诉求，从而引发了你的共鸣，触动了你的情感，让你做出了购买的决定。因此，一个好故事一定是能够满足顾客情感诉求的故事。

销售顾问给顾客讲故事，就是要发掘顾客当下的情感诉求，然后从这个情感诉求入手，为顾客勾勒一幅画面，描绘一个场景。在这样的画面和场景中，顾客因为使用了我们品牌的产品和服务，满足了他们特定的情感诉求。这可以引发顾客的购买欲望，最终推动他们完成购买行为。这就是讲故事的本质。

我给大家举一个例子。我在负责一个腕表品牌时，有一家店铺位于上海市中心繁华地段新开的一家百货商场内。这家百货商场和当时大多数百货商场的定位不一样，它以高端品牌和贴心服务闻名，吸引了不少追求生活品质的顾客，成了生活品质的代名词，甚至很多外地顾客也会慕名而来。

一天下午，店铺来了两位从外地来上海旅游的女士，我在和她们寒暄后得到了一些基本信息：她们是一对姐妹，前两天刚到上海，姐姐想在上海给自己买一个礼物，听说这家百货商场很有名，就来逛逛。

这个场景下，我从姐姐的角度来发掘情感诉求。姐姐一定希望这个礼物具备纪念意义，成为这次来上海旅游的纪念，而且这个礼物最好是在上海最有代表性、最时髦的地方买的，是在老家买不到的。这样的话，回到老家后，这个礼物和买这个礼物的地点就可以成为一个独特的话题，让她去分享，得到别人的羡慕。因此，姐姐的情感诉求是：要体现优越感。

从这个情感诉求入手，结合顾客的预算，我为这位姐姐推荐了当时在这个百货商场独家销售的一款腕表，并描绘了她戴着这款腕表回到老家向朋友展示的画面。同时，我也不忘赞美妹妹，因为她陪同姐姐一起挑选了这个礼物，实现了姐姐的心愿，完成了姐妹俩上海之行中一件开心的事情。在这个过程中，我和店铺同事为这对姐妹提供了专业的介绍和周到的服务，这对姐妹很喜欢我的推荐，姐姐购买了这支腕表并立刻戴上了。

当你抓住了顾客的情感诉求，开始讲故事的时候，你就是在用故事打动顾客的意识。你要选择最适合顾客当下情感诉求的故事，既可以是品牌的历史故事，也可以是品牌创始人的故事，还可以是产品的故事，或者是其他顾客的故事。为了让故事画面和场景足够丰富和精彩，你要会利用不同的感官体验来打动顾客。例如，用灯光、陈列和微笑打动顾客的视觉，用音乐打动顾客的听觉，用香味打动顾客的嗅觉，用茶点打动顾客的味觉，用面料和质地打动顾客的触觉。你还要适时地在讲故事的过程中使用店铺中的各种销售道具，如镜子、试用装、宣传册、视频、iPad 等，起到高效助攻的作用。

当你把这些元素有效地糅合在一起，在对的情感诉求上发力，你就能讲出打动顾客的故事，促进成交。在后面几节中，我会用具体的消费场景来举例，带你一起学习如何在不同的场景下找准顾客的情感诉求。

场景 1：顾客给伴侣买礼物，如何讲故事

在这一小节里我带你学习顾客给伴侣买礼物的时候，你如何发掘情感诉求，讲一个好故事。

顾客给伴侣买礼物是一个很常见的场景，特别是在各种节日的时候。在这个场景下，顾客的情感诉求通常是表达爱意，你可以引导顾客继续挖掘这份爱意背后更丰富的情感诉求，比如感谢对方的付出、共同期待美好的未来等。

◎ 小测验

想一想，面对顾客这样的情感诉求，你会给顾客讲什么样的故事，并自然地植入你的产品或服务？

建议你抓住这样的情感诉求，为顾客描绘具体的场景和画面，把顾客及其伴侣置于这个画面中，同时自然地植入你的产品或服务。例如，面对一位为丈夫挑选礼物的妻子时，你可以为她描绘她的丈夫一天的生活场景和工作场景，从丈夫起床出门开始，到进入公司工作，与同事一起吃午餐，直到下班回家。在这些熟悉的场景中，丈夫穿着妻子买的衬衫，佩戴着由妻子精心挑选的眼镜或腕表，喷洒了妻子挑选的香水，写字时用到妻子送的笔，天冷时戴着妻子送的围巾，回家路上戴着妻子送的耳机听音乐，仿佛妻子的关爱一直在陪伴着丈夫。丈夫每一次看到和使用这些物品的时候，脑海里都会重现收到这份礼物时的画面和那一刻的幸福感

第 4 章 高效零售的催化剂：会讲故事

受。这样的故事就是会打动顾客的故事。

在讲故事的过程中，你可以综合运用前面学习的针对不同性格类型顾客的沟通技巧，用顾客喜欢的方式，来讲述这个表达爱意的故事。（注：因为具有变色龙性格特征的顾客会在其他四种性格类型中转化，所以之后我只会用其他四种性格类型进行举例说明。）

- 对于老虎型（支配型）的顾客，你要说："您选的这款特别适合，您的丈夫一定会很满意，每天都会使用。"
- 对于孔雀型（外向型）的顾客，你要说："您丈夫一定会夸您眼光好，您选的这个明星同款是今年的新款。"
- 对于考拉型（耐心型）的顾客，你要说："您丈夫一定能感受到您对他的关心和爱。之后有需要的话，您和您的先生可以随时一起来店里，由我来为你们服务。"
- 对于猫头鹰型（精准型）的顾客，你要说："您对我们产品真的很有研究，您现在为先生选的这一款在今年获得了设计奖项，您送给他的是一份专业的爱。"

我在为一家洋酒公司做培训项目的时候，在店铺中接待了一位女士。与她做了简短的沟通后，我得知她的丈夫是一位小有成就的生意人，平时经常出差，在家的时候喜欢和好朋友一起品酒，她想看看有没有合适的酒可以送给自己的先生。通常情况下，店铺销售顾问会开始询问顾客的预算，根据预算推荐几款产品，然后开始介绍产品的品质和口感。不过，这位女士平常不太喝酒，为她介绍产品的口感，她其实是没有感知的。这样的介绍无法影响这位女士的购买意向。

这个时候，你要从这位女士作为妻子的情感诉求切入来讲故事。作为妻子，此时这位女士会有两个情感诉求：一是向丈夫表达爱意，希望和丈夫拥有更加美好的未来；二是希望丈夫的生意越来越兴旺，公司发展得越来越好。基于这样的情感诉求，我为这位女士推荐了一款以品牌创始人命名的限量款产品。因为这个品牌有两百多年的历史，是一家基业长青的企业，这样的寓意特别好，非常匹配这位女士希望丈夫事业兴旺的情感诉求，从更高的维度表达了妻子对丈夫的爱意和支持。

我向这位女士解释了推荐这瓶限量款产品给她的原因，接着为她描绘了一个丈夫和好朋友在家里共享这瓶好酒的场景：男人们喝着这瓶寓意事业长青的好酒，讨论着公司的项目和未来的发展，她的丈夫在那个时刻一定会有自豪和被爱的感受，会在心里感谢和赞美自己的妻子。这位女士听完后很认同我推荐这瓶酒的理由，她觉得这款产品的寓意很好，正是她想要的。她甚至开始和我说回到家后她想如何邀请丈夫的好朋友来家里品酒聚会了。虽然这瓶酒的价格稍微超出了她的预算，但她还是购买了这瓶酒，原因就是通过这瓶酒讲出来的故事非常好地满足了她的情感诉求。

在店铺中遇到这样的场景时，店铺销售顾问通常会询问顾客伴侣的喜好、顾客的预算等，这些动作当然是不能缺少的。但是，销售顾问首先要去寻找顾客的情感诉求，找到给顾客讲故事的切入点。请你好好运用这个方法，从下一位顾客开始行动起来，从顾客的情感诉求出发，讲出一个能够打动顾客的故事吧。

场景 2：母亲和孩子一起购物，如何讲故事

这一小节里我们来分析当母亲与孩子一起购物的时候，如何发掘情感诉求，讲一个好故事。

你可能会立刻想到，母亲和孩子一起购物的场景会因为孩子年龄和需求不同而很不一样。的确，顾客需要的产品会很不一样，但顾客在这个场景下的情感诉求是有共同点的。情感诉求会优先于顾客对具体产品的需求，这也再次体现了 CEM 模型的黄金原则"顾客首先是'自然人'，然后才是消费者"。

在母亲和孩子这种关系下，母亲的情感诉求首先是对孩子的呵护与关爱，不论什么产品，都必须是安全和健康的；其次是亲子相处时光，就算孩子已经是一个独立的成年人，

在母亲眼中依然是孩子。每一位母亲都期待和孩子有足够的相处时间。

每一位孩子其实也想多陪伴母亲，但往往因为各种各样的原因而难以实现。另外，每一位孩子也希望表达对母亲的爱，希望母亲感受到自己的孝顺，希望母亲感受到自己有能力去照顾和爱护她，希望母亲在心里为自己骄傲。这些不就是你能够帮助顾客实现的情感诉求吗？

◎ 小测验

想一想，面对母亲和孩子之间的情感诉求，你会给顾客讲什么样的故事，并自然地植入你的产品或服务？

当面对一起来化妆品店铺购物的母女，你要向妈妈专业地解释产品成分，让妈妈对产品的安全性放心；你要向女儿推荐明星代言的产品，介绍品牌故事和产品设计；你还要为这对母女描绘她们在家里一起使用产品后相互分享使用感受的画面，这就是一段母女对话的亲情时光。

你可以为她们描绘一同参加品牌活动，在活动中体验互动、拍照留念的画面。这时，你就可以自然而然地把会员制度介绍给顾客，邀请她们成为会员，享受新会员礼遇，这可以大大地提高成交的可能性。

你还可以为顾客推荐能减少母亲操劳，让母亲享受生活的家电产品、生活用品或服务项目，比如没有噪声的厨房电器、不用弯腰的扫地机等。当母亲在家里使用这些产品的时候，就会想到孩子，体会到来自孩子的爱。这种温馨的感觉会让每一位母亲都产生共鸣，也是每一个孩子都希望给到母亲的。这样的故事就是会打动顾客的故事。

在讲故事的过程中，你依然要综合运用针对不同性格类型顾客的沟通技巧，用顾客喜欢的方式讲故事。

- 对于老虎型（支配型）的顾客，你要说："您在家里一定是一家之主。"
- 对于孔雀型（外向型）的顾客，你要说："你们母女俩的关系真是让人羡慕呀。"
- 对于考拉型（耐心型）的顾客，你要说："我们品牌一直坚持绿色和环保的理念，每一款产品从原材料到包装都是安全和健康的。"
- 对于猫头鹰型（精准型）的顾客，你要说："这是我们品牌得到的奖项和这款产品的成分表，你们的选择非常专业。如果两位现在一起成为会员的话，是性价比最高的一个套餐。"

我在为一个服装品牌做项目培训的时候，在店铺中遇到过一对母女，妈妈喜欢给女儿选衣服，想要像以前那样，让女儿穿妈妈为她选的衣服。可是，女儿明显不太喜欢妈妈挑选的衣服，她有自己的着装喜好。在这种情况下，店里的销售顾问觉得左右为难，不知道该怎么推荐产品。你可能认为妈妈是付钱的人，可以偏向妈妈的喜好和决定，其实这样做很有可能引发母女之间更多的不愉快，最终导致不欢而散，反而不能产生业绩。

　　在这个时候，我从母女之间的情感诉求入手给她们讲故事。这对母女各自的风格喜好不一样，她们自己肯定都知道，在店里买衣服时意见不合也肯定不是第一次发生。即便如此，她们仍然愿意一起出来逛街买衣服，这说明亲子相处时光一定是她们共同的情感诉求，她们希望拥有一段愉快的相处时光。我如何满足这对母女的情感诉求呢？

　　我请销售顾问为妈妈介绍女儿挑选的衣服的风格、宣传照片和穿着场景，为妈妈描绘女儿穿着这件衣服有多么美丽和自信的场景，这可以满足母亲希望孩子漂亮和自信的情感诉求。同时，我请店铺的搭配专员拿着妈妈选的衣服搭配出最接近女儿喜好的风格，让女儿看到妈妈挑选的衣服在做了适当的搭配后也能符合自己的风格，这样就可以让孩子心中产生对妈妈的认可和爱。

这样一来，母女对衣服搭配产生了很大的兴趣，她们开始讨论家里的衣服应该如何搭配，我就很自然地邀请这对母女成为品牌的会员。因为成为会员之后，她们可以及时收到服饰搭配推荐信息，随时享受到店铺搭配专员的专业服务，还可以一起参加定期的新品发布会和设计师见面会，这些就可以持续满足这对母女对享受亲子时光的情感诉求。最终，这对母女满意地购买了产品，还办理了会员卡。

在看这本书的你可能是孩子或是母亲，也可能既是孩子又是母亲，你一定能理解这样的情感诉求。下一次在店铺遇到母亲和孩子的时候，给他们讲一个动人的故事吧。

场景3：闺密一起购物，如何讲故事

几乎每一位女性都有自己的好闺密，和闺密一起去逛街购物是很常见的事情。本小节针对闺密一起购物这个场景，来学习如何发掘顾客的情感诉求，讲一个好故事。

闺密之间关系好，可能是因为大家志趣相投，可以一起做大家都喜欢的事情，比如一起运动、一起旅行；也可能是因为两个人能够相互理解、相互倾诉和相互陪伴，一起开心一起哭；还可能是因为两个人彼此欣赏，从内心深处希望对方变得更好，能够相互支持和鼓励。因此，在闺密一起购物的场景下，体现闺密之间的友谊和增强相互间的关系就是她们的情感诉求。如果店铺销售顾问一开始就忙于介绍产品功效，往往是无济于事的。

◎ 小测验

想一想，面对闺密之间的情感诉求，你会给顾客讲什么样的故事，并自然地植入你的产品或服务？

如果品牌创始人是一对闺密或姐妹，你可以向闺密顾客讲述品牌故事，告诉她们品牌创始人如何一起创立了这个品牌。因为这个品牌就是友谊的象征，所以当闺密顾客使用产品的时候，会想到这个故事和自己的闺密，这样的瞬间就是体现闺密友谊的美好瞬间。

你可以为闺密顾客推荐"闺密色号"的彩妆，"闺密装"的服饰，"闺密系列"的香氛，然后描绘她们一起使用这些产品的时候被周围朋友赞美和羡慕的画面。你也可以为闺密顾客推荐"闺密爱闺密"系列家电、家居用品、料理食材，然后描绘她们各自在家使用这些产品时想到对方，然后打电话互诉衷肠的画面。这些都能够很好地满足闺密顾客的情感诉求：体现友谊并增进关系，互相支持，互相陪伴。

同样，在讲故事的过程中，你要综合运用前文介绍的针对不同性格类型顾客的沟通技巧，用顾客喜欢的方式讲故事。

- 如果闺密顾客中有老虎型（支配型）的顾客，你可以说："您肯定能帮您的闺密挑选到适合她的款式，因为您最了解她了。"
- 如果闺密顾客中有孔雀型（外向型）的顾客，你可以说："我好羡慕你们这样的好闺密。"
- 如果闺密顾客中有考拉型（耐心型）的顾客，你可以说："希望我和我们品牌可以长久地陪伴你们，为你们服务，就像你们之间的友谊一样。"
- 如果闺密顾客里有猫头鹰型（精准型）的顾客，你可以说："有您这么专业的闺密，真是好福气，所有专业问题都可以请您把关哦。"

我的一位好闺密曾送给我一个生日礼物，这个礼物是一个项链，项链的吊坠带有一个感应装置，当我点击吊坠时，我闺密手机上相对应的 app 就会收到消息。正常情况下，如果销售顾问只是向我的闺密介绍这个产品的性能，她一定不会购买这个产品,因为这个产品其实是一个电子产品,而我的闺密一向对电子产品不感兴趣。而且,要使用相关的功能,需要在手机上下载专门的 app,我的闺密通常也会觉得很麻烦。但是,她居然购买了这个产品,而且还买了两条,我和她一人一条,就是因为当时的销售顾问对她讲了一个闺密情深的故事。

当时的销售顾问发掘到了我的闺密希望体现我俩之间友谊和增强我们之间关系的情感诉求,为我的闺密描绘了我和她一起佩戴着这款项链来增强我们之间感情的各种画面:当我们中的一人在外地旅行,看到了美丽的景色,希望分享给对方的时候,就可以点击这个项链的吊坠,然后对方就会收到来自远方的牵挂;当我们其中一人想念对方的时候,可以点击这条项链的吊坠,对方就能收到这个想念的信息;当我们其中一人心情低落的时候,可以点击这条项链的吊坠,来告诉对方自己此刻的情绪。

我的闺密被这样的故事和画面打动了,于是购买了两条项链。闺密送我礼物的时候,她也为我描述了这样的场景,我也被她的这份用心打动了。

一个好的故事,会留在顾客心中,通过顾客的再次讲述,持续发挥作用,强化购买时刻的情感诉求。如果是一群好朋友一起来逛街,你也可以从同样的情感诉求出发给顾客讲故事，用最适合顾客的沟通方式，描绘故事的画面，以此来打动顾客，促进成交。

场景4：顾客给自己买东西，如何讲故事

在现代社会越来越快的生活节奏下，顾客独自逛街购物的现象变得越来越普遍了，你在店铺中应该经常会接待一个人来购物的顾客。面对这样的顾客，你如何发掘他们的情感诉求，讲出一个动人的故事呢？

我们现在在生活中越来越多地看到"爱自己，做自己，善待自己"之类的宣传，这些口号是在当下社会自我意识日益突显的潮流下应运而生的。人们越来越注重自己的独立意志，希望和其他人不一样。这使得一个人吃饭、一个人购物、一个人旅行、一个人生活成了一种新常态。顾客一个人来到店铺时，他们需要的是对自我价值的认可，需要自我肯定和自我欣赏，这些就是你可以用来展开故事的情感诉求。

◎ 小测验

想一想，面对顾客这样的情感诉求，你会给顾客讲什么样的故事，并自然地植入你的产品或服务？

_____

_____

建议你从这样的情感诉求入手,为顾客描述一个人独处的画面:一个人下班回到家,从开门的那一刻起,就会有各种不同的高科技产品为其服务,比如用指纹锁开门、用自动消毒机洗手、用声控音箱播放心仪的音乐等,一个人同样可以享受高品质的生活。

在客厅和卧室中,智能香氛产品可以让自己闻到喜欢的味道,帮助自己从紧张的工作节奏中放松下来,转换到居家生活舒适自如的节奏中。换上舒适的家居服,用智能设备播放自己列在清单上的一部电影。

喜欢做饭的顾客可以在厨房使用厨房小家电,用优选的调料和食材制作美食,用自己喜欢的餐具摆盘,享受幸福感满满的"一人食";习惯叫外卖的顾客可以在等外卖的时候惬意地坐在自己精心挑选的沙发宝座上,在游戏设备上继续玩昨天的游戏。

为顾客描绘一个人独处的画面时:

- 可以通过描绘房间的灯光和氛围,植入有设计感和智能功能的灯具产品。
- 可以通过描绘静心思考的时刻,植入茶具和茶叶产品,或者酒具和酒产品。
- 可以通过描绘岁月静好的阅读时光,植入纸质书或电子书设备。

- 可以通过描绘在梦想之地犒劳自己,植入旅游度假产品。

这些仪式感满满的画面,可以完美地满足顾客对自我价值的认可、自我欣赏和自我认同的情感诉求。这样的故事一定能打动顾客,激发顾客的购买欲望,促进成交。

同样综合运用针对不同性格顾客的沟通技巧,用顾客喜欢的方式讲故事。

- 面对老虎型(支配型)的顾客,你要说:"您真的很有主见,完全在按照自己的想法生活。"
- 面对孔雀型(外向型)的顾客,你要说:"您的生活真有品质,好有仪式感!"
- 面对考拉型(耐心型)的顾客,你要说:"您这么有爱,您的生活中一定充满着温暖。"
- 面对猫头鹰型(精准型)的顾客,你要说:"您的生活真有规律,安排得井井有条。"

还有一个场景能够很好地满足顾客自我肯定和自我欣赏的情感诉求,那就是当顾客在公共场合或聚会中受到关注和赞赏时。我曾经在店铺中接待过一位独自进店的男性顾客,他在听了店铺销售顾问的介绍后大声说："手表都应该是圆形的，你们店里怎么会有方形的手表？"他这样一说，我就明白了销售顾问肯定是直接向他介绍产品，而没有关注他的情感诉求。在他说完这句话后，销售顾问心里产生了畏惧情绪，不知道应该如何接话了。

通过这位顾客的说话方式，很容易判断出他是一位老虎型（支配型）的顾客。老虎型顾客一个人来逛街购物时，最强烈的情感诉求就是自我肯定和自我欣赏。于是我主动上前问候顾客，先称赞他很有主见、敢于表达，然后表示很想听他分享一下他不喜欢方形手表的原因。我这样做马上满足了这位顾客的情感诉求，因为他可以开始充分表达和展示自己的观点。

通过交流，我了解到这位顾客买过不同品牌的腕表，都是一些特别的款式，比如联名款或限量款。这说明这位顾客非常喜欢与众不同，喜欢做别人没做过的事情。他觉得自己有独特的品位，和其他人的品位都不一样。而且，他当天穿的衣服就是一件剪裁不对称的衣服。于是，我为他描绘了这样的一幅画面：他戴着一块方形腕表参加聚会，在场的大多数人戴的都是圆形手表，只有他佩戴方形手表，显得他非常与众不同。然后我开始为他介绍产品的特点，这块方形腕表是品牌非常有代表性的一款产品，这款产品的代言人是一位非常有个性的著名法国男演员。这位顾客的朋友一定会对这块方形手表好奇，因为纯方形的手表在市场中确实很少见，而且不太有人敢尝试，一般人没有自信驾驭这样的款式。

我告诉这位顾客，在那样的场合，他可以把我们告诉他的品牌故事和产品知识如数家珍地分享给朋友，他的朋友们一定满脸惊讶，还会不时地发出赞叹。这样的画面不就是顾客希望佩戴这块手表时发生的"高光时刻"吗？我用方形腕表为他描绘了一个他没有想象过的场景，一个能够非常好地满足他的情感诉求的场景，从而激起了他的购买欲望，最后他很开心地买了这款方形腕表。

一个人也可以好好地享受逛街购物，把生活过得有滋有味，通过自己购买的产品体现自己的价值观，展示自己的品位，实现自我欣赏和自我认可。当你接待一个人来逛街购物的顾客时，你要让顾客感受到你理解他们的情感诉求，你要为他们讲述满足他们情感诉求的故事，这其实就是对顾客最好的服务。

场景5：在机场店铺，如何讲故事

这个小节是我专门准备的特别内容，是关于在机场店铺如何为顾客讲故事。在机场开设店铺的品牌在日益增多，而机场店铺的购物环境和顾客群体是很特别的，值得花时间去研究。

我曾经做过的一个咨询项目的主要内容是帮助一个品牌在机场开设零售店铺并进行零售管理的培训。这是我第一次接触机场这个特殊环境中的零售管理。通过在这个项目中的实践，我总结出了机场店铺特有的零售管理模式，如何讲故事就是其中的一个重要部分。

在机场购物的顾客大体可以分为两类——离港顾客和到港顾客。对于离港顾客，无论他们离港的目的是什么，因为有登机时间的限制，所以他们都需要快速挑选到自己满意的产品。因此，当销售顾问接待离港顾客的时候，首先要询问的就是顾客的登机时间和登机口，这样销售顾问可以告诉顾客从店铺到登机口需要多长时间，帮助顾客估计能在店铺停留多长时间。顾客在店铺的停留时间就是销售顾问能够利用和发挥的时间。

但是，在现实工作中，我发现机场店铺的大部分销售顾问要么没有很好地意识到机场顾客的特殊性，顾客一进店就千篇一律介绍产品信息和优惠信息，然后开始施展销售技巧；要么过度利用顾客时间有限这一点，着急忙慌地向顾客推销产品，让顾客产生很仓促的感受，经历很不愉悦的、充满压力的购物过程。

第 4 章 高效零售的催化剂：会讲故事

这两种做法都是低效的。在机场店铺接待离港顾客的第一步，一定是询问顾客的登机信息并进行温馨提醒。因为销售顾问自身在机场工作，熟悉机场的环境，这样的询问能体现销售顾问的专业度，让顾客感受到销售顾问以顾客为中心的温暖服务。与此同时，销售顾问还能清楚地了解自己有多少时间去接待顾客，思考如何做好这一单生意。

大多数离港顾客的目的可以分为两类——出行和回家。如果是商务出行的顾客，他们通常会购买礼物送给合作伙伴，这时，他们的情感诉求主要是体现自己的审美和品位，要体现礼物的高品质和价值感。在这种场景下，销售顾问要快速询问顾客的预算和要求，然后描绘一幅顾客顺利完成工作，拿出礼物给合作伙伴，对方满心欢喜的画面。在时间有限且价格匹配预算的情况下，多数顾客会愿意购买销售顾问推荐的产品。

如果是回家的顾客，他们通常会购买礼物送给家人，这时，他们的情感诉求是对家人和朋友进行情感补偿。在这种场景下，销售顾问在推荐产品的时候，要为顾客描绘一幅家人朋友收到礼物后很开心，对他出门在外还想到自己的那份心意表达谢意和感动的画面。这样的故事会让离港回家的顾客获得心理安慰，减少因短暂离开家人而产生的愧疚感，促使他们顺利地购买我们推荐的产品。

到港顾客与离港顾客最大的不同在于没有过多的时间限制，能够在店铺停留较长的时间，销售顾问有充足的时间，可以根据顾客的不同目的，为顾客描绘更加具体和丰富的故事画面，来打动顾客。

在机场店铺中，面对不同性格类型的顾客时，销售顾问依然要选择不同的沟通方式来讲故事。

- 面对老虎型（支配型）的顾客，可以说："您一看就是一位成功的商务人士。"
- 面对孔雀型（外向型）的顾客，可以说："这是机场店铺才有的限定版，非常特别。"
- 面对考拉型（耐心型）的顾客，可以说："您的家人和朋友肯定知道您心里一直想着他们。"
- 面对猫头鹰型（精准型）的顾客，可以说："您的登机口距离不远，步行 5 分钟就能到。您有 20 分钟可以挑选礼物，我可以根据您的要求提供专业的建议。"

在这个项目实施的过程中，我用讲故事的方式打动过一位离港的比利时顾客。这个品牌的产品并不是机场所在地的特色产品，而是源自欧洲的洋酒。你一定会觉得奇怪，这位顾客为什么没有购买更有当地特色的产品，而是购买了一瓶在自己国家就能买到的洋酒呢？这是因为我当时对顾客讲了

第 4 章 高效零售的催化剂：会讲故事

下面的故事。

这位顾客是一位离港顾客，当时他在店铺大约有 20 分钟的停留时间。我与顾客破冰之后了解到他是他们公司的技术顾问，来当地出差，今天返回比利时，他想带一个礼物回家。因此，他的情感诉求应该是希望这个礼物减少他因为短暂离开家人而产生的愧疚感，让家人开心，让自己得到安慰。他告诉我，他之前购买过这个品牌入门系列的产品。于是，我为他推荐了品牌的另外一个产品，一个以品牌第三代传人命名的产品。这位第三代传人把这个品牌的业务从欧洲带向了全世界，让世界上更多的人认识了这个品牌，这位传人就像这个品牌的外交官。

然后我为他描绘了这样一幅画面：他回到家，拿出这瓶酒，告诉家人这瓶酒的名字和典故。这位顾客可以告诉家人，他的工作也有异曲同工之处。他这次出差的目的就是把公司先进的技术带到其他地方，让公司的技术实现更大的价值。现在，他完成了这个使命，回到家里和家人一起享用这瓶有着美好寓意的好酒。这不仅可以弥补他错过与家人共度温馨时光的遗憾，还能让家人感受到他的工作和他这次出差的意义。听完我讲的这个故事之后，这位顾客购买了这瓶酒，开心地走向了登机口。

机场店铺是一个特别的商业环境，在这个环境中工作的零售人首先要理解这个环境的特殊之处,全面地理解和分析机场顾客群体的心理特征和消费习惯,只有这样才能更好地发掘顾客的情感诉求,在有限的时间内用精彩的故事打动顾客,高效地提升销售业绩。

强化练习

1. 支配型(老虎)

(1)你通过哪些细节判定顾客是老虎型性格?

_____
_____
_____

(2)你的顾客中有哪些是老虎型的?

_____
_____
_____

(3)你和老虎型顾客破冰要使用哪些话术?

_____
_____
_____

（4）你为老虎型顾客推荐产品时应该使用哪些话术？

（5）老虎型顾客提出异议时，你应该如何回复？

（6）你和老虎型顾客进行日常维护时应该使用哪些话术？

（7）你应该使用哪些话术邀请老虎型顾客回到店铺？

（8）你应该使用哪些话术邀请老虎型顾客参加活动？

---

2. 外向型（孔雀）

（1）你通过哪些细节判定顾客是孔雀型性格？

（2）你的顾客中有哪些是孔雀型的？

（3）你和孔雀型顾客破冰要使用哪些话术？

（4）你为孔雀型顾客推荐产品时应该使用哪些话术？

（5）孔雀型顾客提出异议时，你应该如何回复？

(6)你和孔雀型顾客进行日常维护时应该使用哪些话术?

---

(7)你应该使用哪些话术邀请孔雀型顾客回到店铺?

---

(8)你应该使用哪些话术邀请孔雀型顾客参加活动?

---

3. 耐心型（考拉）

(1)你通过哪些细节判定顾客是考拉型性格?

---

(2)你的顾客中有哪些是考拉型的?

（3）你和考拉型顾客破冰要使用哪些话术？

（4）你为考拉型顾客推荐产品时应该使用哪些话术？

（5）考拉型顾客提出异议时，你应该如何回复？

（6）你和考拉型顾客进行日常维护时应该使用哪些话术？

（7）你应该使用哪些话术邀请考拉型顾客回到店铺？

（8）你应该使用哪些话术邀请考拉型顾客参加活动？

4. 精准型（猫头鹰）

（1）你通过哪些细节判定顾客是猫头鹰型性格？

（2）你的顾客中有哪些是猫头鹰型的？

（3）你和猫头鹰型顾客破冰要使用哪些话术？

（4）你为猫头鹰型顾客推荐产品时应该使用哪些话术？

（5）猫头鹰型顾客提出异议时，你应该如何回复？

（6）你和猫头鹰型顾客进行日常维护时应该使用哪些话术？

（7）你应该使用哪些话术邀请猫头鹰型顾客回到店铺？

（8）你应该使用哪些话术邀请猫头鹰型顾客参加活动？

5. 整合型（变色龙）

（1）你通过哪些细节判定顾客是变色龙型性格？

（2）你的顾客中有哪些是变色龙型的？

_____

_____

（3）你和变色龙型顾客破冰要使用哪些话术？

_____

_____

（4）你为变色龙型顾客推荐产品时应该使用哪些话术？

_____

_____

6. 场景1：顾客给伴侣买礼物

你会对不同性格的顾客讲什么样的故事？

对于支配型（老虎）的顾客：_____

对于外向型（孔雀）的顾客：_____

对于耐心型（考拉）的顾客：_____

对于精准型（猫头鹰）的顾客：_____

7. 场景 2：母亲和孩子一起购物

你会对不同性格的顾客讲什么样的故事？

对于支配型（老虎）的顾客：

对于外向型（孔雀）的顾客：

对于耐心型（考拉）的顾客：

对于精准型（猫头鹰）的顾客：

8. 场景 3：闺密一起购物

你会对不同性格的顾客讲什么样的故事？

对于支配型（老虎）的顾客：

对于外向型（孔雀）的顾客：

对于耐心型（考拉）的顾客：

对于精准型（猫头鹰）的顾客：

9. 场景4：顾客给自己买东西

你会对不同性格的顾客讲什么样的故事？

对于支配型（老虎）的顾客：

对于外向型（孔雀）的顾客：

对于耐心型（考拉）的顾客：

对于精准型（猫头鹰）的顾客：

10. 场景5：在机场店铺

你会对不同性格的顾客讲什么样的故事

对于支配型（老虎）的顾客：

对于外向型（孔雀）的顾客：

对于耐心型（考拉）的顾客：

对于精准型（猫头鹰）的顾客：

11. 处理顾客投诉

你会使用什么话术来安抚不同性格类型的投诉顾客？

支配型（老虎）：

外向型（孔雀）：

耐心型（考拉）：

精准型（猫头鹰）：

12. 接待媒体采访

你会使用什么话术问候不同性格类型的媒体采访人员？

支配型（老虎）：

外向型（孔雀）：

耐心型（考拉）：

精准型（猫头鹰）：

13. 接待博主探店

你会使用什么话术为不同性格类型的博主做品牌和产品专业介绍？

支配型（老虎）：

外向型（孔雀）：

耐心型（考拉）：

精准型（猫头鹰）：

14. 接待监管部门检查

你会使用什么话术请不同性格类型的监管部门人员出示他们的证件？

支配型（老虎）：

外向型（孔雀）：

耐心型（考拉）：

精准型（猫头鹰）：

整合型（变色龙）：

5
CHAPTER
第 5 章

高效零售的战场
"线上 + 线下"的全域战场

Efficient Rules
of Top Sales

竞争白热化的虚拟战场

在当下的商业环境中,如何做好线上业绩是每一位零售人都必须面对的课题。无论销售顾问对线上销售是爱还是恨,它已经成了我们日常工作的重要内容,而且越来越多地与我们的其他工作内容产生联动并相互影响。

对于线上销售,我身边的零售人基本上都经历了下面三个阶段。

- 第一个阶段:对线上销售渠道持对立和排斥的态度,觉得线上渠道抢走了线下店铺的客流,给线下店铺带来了负面影响。
- 第二个阶段:随着越来越多的品牌开设了线上渠道,销售顾问被要求在线上渠道做销售,需要完成线上渠道的业绩指标。
- 第三个阶段:开始主动拥抱线上销售,积极地探索和实践如何利用线上渠道做好业绩。

这个过程其实是人们对一个新事物从了解到熟悉的正常过程。我一直对我的学员们说:"现在每一位零售人都拥有两个能出业绩的战场,一个是线下的实体战场,另一个是线上的虚拟战场。大家要积极地去学习如何把两个战场打通融合，形成合力，把业绩做好，否则迟早会被淘汰。"

在我早期着手开发和打磨线上线下全域零售的培训课程时，零售人要面对和掌握的线上渠道还只有个人微信，而现在大家需要面对更多的线上渠道和平台，比如企业微信、小红书、微信小程序、抖音等。这对零售人的能力提出了更高的要求，我们不仅要熟悉众多线上渠道和平台的特点、规则和玩法，还要知道如何在其中自由切换，利用不同的渠道和平台为线下店铺引流。

零售行业在虚拟战场中的竞争越来越白热化，这使得零售工作变得更具有挑战性，也进一步凸显了零售人的价值和这份工作的意义。如果你想在行业快速发展的过程中不被淘汰，就要时刻保持专业能力的更新和升级。

在这一章中，我将带着你透过表象看本质，学习在虚拟战场赢得业绩的核心原则。因为个人微信是使用最普遍和最容易入门的线上渠道，所以我会以个人微信为例进行讲解，帮助你学会做好线上销售的关键动作，找到实现线上线下协同共赢的方法。

具备了共赢思维和行之有效的方法之后，你就可以把线上和线下这两个战场整合起来，在工作中建立一个"线上 + 线下"的全域战场。对零售人来说，这意味着更充足的客流、更高的工作效率和更优秀的业绩。

打造专业的线上人设

形成了"线上一个店，线下一个店"的思维之后，请你来思考线下店铺和线上店铺的共同性和差异性。有共同性的方面，适用于线下的工作原则和工作方式也适用于线上，比如这一小节中的内容：如何打造专业的线上人设。

你在线下店铺会身穿品牌统一的工作制服，佩戴工作名牌，化上精致的妆容，通过得体的言行举止向顾客展示品牌大使的专业形象。同样地，你在线上也要向顾客展示品牌大使的专业形象，让顾客对你一见钟情。你需要打造专业的线上人设。

线上人设就是你在线上呈现出来的个人形象，包括你的头像、名字、个性签名和封面等。拥有了专业的线上人设，你就能更好地吸引顾客通过你去了解品牌和产品，逐步从潜客转变为忠诚客。这个过程与在实体店铺中的过程是相同的。

理解了这个相同点，你一定愿意主动和高效地做好这件事情。我建议你通过下面四个要点来打造线上的专业人设。

1. 头像

顾客会对你一见钟情的关键因素是你给顾客留下了吸引人的第一印象。顾客真的会"以貌取人",会根据你的头像,给你贴上各种标签。这里的"貌"不仅仅指你的容貌,更是指你的头像的整体感觉。你要让顾客通过你的头像感受到你的真诚和专业,以及品牌的特点。

(1)推荐的做法。使用真实的照片,通过照片上的眼神和笑容体现真诚;适当结合品牌 Logo 或爆款产品元素来体现品牌特点;照片要足够清晰,带给顾客真实感,增加可信度。

- 如果服务于美妆品牌,最好使用面部照片,可以通过发型和妆容来体现专业度。
- 如果服务于服装品牌,最好使用穿着品牌最新搭配或经典单品的全身照。
- 如果服务于美食品牌,可以使用手捧美食的半身照。
- 如果服务于运动品牌,可以使用动感十足的运动瞬间照片。

此外,可以在照片下方放上品牌宣传语,或者用品牌 Logo 作为头像的背景。

（2）不推荐的做法。头像最好不要使用私人属性太强的照片，如朦胧的侧面照、在旅游景点的全身照、长发飘飘的背面照、自己宠物的照片、自己喜欢的动漫人物的照片，或者第一眼看不出是什么的图片。当然，一片空白的头像也不合适。

　　现在一些公司会制作品牌统一的头像模板供销售顾问使用。如果公司没有提供，你可以自行按照以上原则制作头像，也可以发动店铺伙伴们集思广益，制作专属于店铺的头像模板，以此来吸引顾客。

2. 名字

　　取一个好名字的最大用处是方便顾客记忆，在日后顾客需要你的时候能快速找到你。

　　（1）推荐的做法。我总结了一个取好名字的公式：

$$好名字 = 姓名 + 品牌 + 职业特长$$

　　这里的"职业特长"不是你在名片上的职位，也不是在公司里面的职务，如销售专员、销售顾问、美容顾问、服饰顾问等，而是能让顾客看一眼就知道你服务于哪个品牌，专注于什么行业和领域，专业特长是什么，能为顾客提供什么产品和服务的信息，例如：

- "王丽—××(品牌名)定制服装高级顾问"。
- "李芸—××(品牌名)护肤专员"。
- "王帅—××(品牌名)潮流搭配专家"。
- "凯文—××(品牌名)咖啡冲调达人"。

顾客刚认识你的时候，对你的名字不太熟悉，但多半能记住品牌名称，所以建议你的名字里一定要有品牌名称，而且要根据顾客的特点选择英文名称或中文名称。

还有一点非常重要，那就是在所有的线上渠道都要使用统一的名字，这样才便于顾客找到你，并有利于加深顾客对你的印象。

（2）不推荐的做法。不要使用符号、表情、生僻字，这会增加顾客记住你名字的难度，也会增加顾客在好友列表或者通讯录里找到你的难度。

目前，越来越多的品牌开始使用企业微信，企业微信的用户名字中都带有品牌或公司名称，发挥空间比较有限。不过，在小红书和抖音等其他线上渠道有较大的发挥空间，你要努力取一个让顾客一见难忘的好名字。

3. 个性签名（或个人简介）

好的个性签名（或个人简介）的特点是"精简 + 专业 + 个性"。

- 精简是指整个简介就是一句金句或几个关键词。
- 专业是指能够体现你的专业度，如你的从业时间或你在工作中曾获得的专业奖项，这些信息可以增进顾客对你的专业度的信任。
- 个性是指能体现你作为普通人的真实属性，比如你的日常爱好、星座等，这些信息很可能会引起你与顾客之间的共鸣。

一个好的个性签名（或个人简介）可以是下面这样的。

- 获得过三次全球明星彩妆师大赛一等奖，二次元文化热爱者。
- 与品牌共同成长 8 年的资深店长，百分之百天蝎座。
- 服饰行业从业 3 年的销售精英，时尚搭配与美白护肤达人。

4. 封面

朋友圈的相册封面是给品牌免费打广告的绝佳位置。很多零售人白白错过了这个机会，在朋友圈相册封面放的是个人的生活照或旅行照。其实，最应该放的是品牌当季主推新品的广告图片，而且还应该跟随品牌的推广节奏经常更换，这是对朋友圈相册封面最高效的利用。

通过以上四个要点,你可以打造出一个让顾客一见钟情的线上人设,为之后赢得顾客好感、与顾客逐步建立良好关系、创造线上业绩打下扎实的基础。

提升自己的加微段位

你把自己专业的线上人设打造好了,就好比你在店铺里做好了仪容仪表的准备,可以开门迎接顾客了。线上的顾客几乎都是通过添加微信好友获得的,因此高超的加微能力是创造线上业绩的重要前提,但这通常也是零售人的痛点。在这一节,我们来学习如何提升自己的加微段位。

1. 提升加微段位的第一招:避免盲目

我经常说:"想要高效工作,必先摸清原因。"因此要成功地添加顾客微信,你先要想清楚顾客为什么愿意加微信。明确了顾客的动机,就能大大提高加微成功的概率。

顾客加微的动机大体可以分为两种:一种是成本动机,即顾客觉得加微之后能实现省钱和省时间的效果;另一种是权益动机,即顾客希望获得品牌赋予的专属权益,比如彩妆品牌会开设会员专属的线上彩妆课堂,服装品牌会为会员提供一周搭配指南,3C 产品(计算机、通信和消费电子产品)

品牌会为会员提供新品试用特权等。在提出加微请求之前，你一定要根据之前与顾客沟通的情况做一个初步判断，和顾客说清楚加微能带来的好处，这些好处要符合顾客的期待。你可以继续使用第 3 章里的 CEM 模型，用加微带来的好处满足顾客当下的需求，从而提高加微的成功率。

了解了顾客愿意加微信的动机，你也要知道顾客不愿意加微信的顾虑，这不仅是另外一种提高加微成功率的思路，还能帮助你避开邀请顾客加微的雷区。你自己其实也会是顾客，当你把角色转换为顾客后，马上就能明白作为一名顾客，面对销售顾问的加微邀请，会产生担心信息泄露、怕被骚扰这样的顾虑。

那么你要如何打消顾客的这些顾虑呢？你可以在提出加微请求的同时，以诚恳的态度向顾客做出以下承诺。

- 公司有严格的规定和管理流程，顾客信息是安全的，不会被泄露。尤其是 2021 年 11 月 1 日《中华人民共和国个人信息保护法》开始实施之后，顾客信息的保护力度被更大地提升了。
- 不会随意给顾客发广告、打扰顾客。
- 会事先和顾客约定沟通时间，只会在顾客允许的时间段进行沟通。

- 对沟通时间没有特别要求的顾客，保证每天晚上 10 点以后和早上 10 点之前不发任何消息，以免影响顾客休息。
- 加微是为顾客提供线上服务的起点，可以再次强调加微能给顾客带来的好处。

如果你所在的店铺客流量比较大，我建议你分析一下以往成功加微的顾客信息，尝试找出这些顾客的共同点，如年龄、职业、性别、爱好等，总结并记录下成功加微时你使用的话术。这样做可以有效地帮助你在众多顾客中迅速找到与自己有缘的顾客，提高加微的成功率。

2. 提升加微段位的第二招：找准时机

找准加微的时机可以大大提高加微的成功率。我结合第 4 章介绍的顾客性格类型，总结了适合请求不同性格类型顾客加微的九个好时机。

- 顾客对品牌活动感兴趣时（适用于孔雀—外向型顾客）。
- 顾客对促销信息感兴趣时（适用于猫头鹰—精准型顾客）。
- 顾客对加微专属优惠券感兴趣时（适用于猫头鹰—精

准型顾客)。

- 顾客咨询产品，对产品细节很注重时（适用于猫头鹰—精准型顾客和考拉—耐心型顾客）。

- 顾客试用产品时，你为顾客拍了很美的照片，顾客想要照片时（适用于孔雀—外向型顾客），因此你一定要把拍照技术练精。

- 顾客下单时，用产品保养、售后服务、使用指导、会员福利等理由邀请顾客加微（适用于猫头鹰—精准型顾客和考拉—耐心型顾客）。

- 顾客有特别需求时，如需要特殊尺码、需要定制产品或断货产品、需要把产品寄往外地等（适用于老虎—支配型顾客）。

- 顾客要求获得专属服务或需要提高购物效率时（适用于老虎—支配型顾客），例如，顾客要求由指定的销售顾问提供专属服务，顾客不愿意花时间排队，顾客习惯提前预约到店时间。

- 顾客离店，表示希望再考虑一下时。这时你可以表示可以运用专业知识帮助顾客做出合适的选择，并很自然地发出加微请求（适用于猫头鹰—精准型顾客和考拉—耐心型顾客），或者可以邀请顾客加入新品体验群（适用于孔雀—外向型顾客）。

有一种情况值得特别说一说。公司举办 CRM 活动后，在短时间内销售顾问会有大量的加微新客，这时，你如何高效维护好这些珍贵的新客呢？我给你支几招。

- 分批加微，如每次加 10 人。这样做可以让你认真地对待每一位顾客，不让顾客产生"批发感"。
- 加微后，逐一了解顾客并备注关键特征，以便后续有针对性地跟进。
- 根据不同顾客的特征，尽快在一周内创造到店见面机会。例如，以优惠活动、进店礼等理由创造到店机会。

3. 提升加微段位的第三招：扩大范围

通常销售顾问都是在店铺里请求顾客加微，在日新月异的商业环境下，我们一定要主动拓宽思路，到店铺之外去寻找更大的目标顾客群体。

目标顾客群体也许会出现在下面这些地方。

- 自己小区的业主群。你可以运用自己的专业知识，为邻居们提供有用的咨询和服务。
- 自己的兴趣爱好群，如健身群、夜跑群、美食群、动漫群、手游群等。

- 在生活中会接触到的职业群，如出租车司机群、小区内的店主群等。
- KOC 专属群。你可以运用在第 3 章中学到的本领，在顾客中培养 KOC，以 KOC 的名字建立专属群，通过这些群实现老带新的裂变。
- 异业合作群。你可以与不存在竞争关系的其他品类的销售顾问开展异业合作、相互推荐。请注意，要选择靠谱的合作伙伴，只推荐自己，不推荐产品，否则就变成了生硬地发广告，会引起反感。
- 朋友圈和自媒体平台。你可以通过持续发文获取粉丝。

分享一个我自己的亲身经历。大部分小区都有业主群，业主们在茶余饭后经常会在业主群里问好聊天、互通有无。我在小区群里很少发言，基本只关心重要事项的通知，属于典型的潜水型业主。我发现群里有一个邻居小 A 特别活跃，经常热心地传递邻里消息。例如，他会晒出照片，问谁家孩子的自行车忘在儿童乐园了；哪家晾的衣服掉到一楼了；哪家的外卖被误取了等。渐渐地，他成了小区里的信息中转站，业主们对他印象都不错。

有一次，小区物业组织了一个公益活动，参加活动的业主需要加入志愿者微信群。我和小Ａ都是这个公益活动的志愿者，小Ａ是群主，他加了我的微信来讨论活动的相关事宜。通过他的朋友圈，我知道了他是一个牛肉品牌的销售顾问。后来，有一次我想买牛排，就去咨询他，他的专业答复很快就让我决定从他那里购买。小Ａ的服务很周到，同在一个小区又很方便，后来我就一直在他那里购买牛排，小区里的不少业主也都在他那里买牛排。

这就是一个在店铺外成功加微的案例。小区的业主们成了小Ａ的忠诚顾客群体，给他带来了稳定的线上业绩。我在写这本书的时候，正值疫情期间，小Ａ义不容辞地成为小区的志愿者和牛排团购的团长。我相信，在度过这样的特殊时期之后，整个小区有买牛排需求的业主都会成为小Ａ的顾客，而且因为特殊时期产生的信任，小Ａ会拥有更加稳定的顾客关系。

从上述案例和其他相关店外成功加微的案例中，我得出一个结论：在店铺外成功加微的正确方式是"热心友好的群伙伴＋特定领域的小专家"。以什么样的姿势进群和进群后做出的言行对能否成功加微至关重要。

加微最忌讳的就是目的性太强，功利心太重，恨不得把每一次发言都当成一次广告，一进群就把所有人都加一遍。如果这样做，群里的成员都会反感这样的行为，群主甚至会把这样的人踢出微信群。

我建议做好以下四点,来赢得群成员的好印象。

- 说一句对别人有价值的自我介绍。例如,一个运动品牌的销售顾问加入喜欢的台球群时可以这样介绍自己:"我的目标是成为 70 分的奥沙利文,在日常生活中我是一个能把运动服饰穿出时尚感的阳光男孩。"一个美妆品牌的销售顾问加入自己小区的宝妈群时可以这样介绍自己:"我是家有一个 6 岁小公主的微胖宝妈,周末工作比较忙,对敏感肌肤的保养颇有心得。"
- 积极参与群内互动,提供专业的建议,分享有用的咨讯。
- 发现目标顾客后,主动发起有可能引起共鸣的话题,适度赞美对方并加微。
- 时机成熟时,与群主一起策划专属活动,向群成员发送专属福利,与群主实现共赢。

加微不仅是加上顾客的微信,更是开启与顾客的一段关系,还是在建立和经营自己的人脉。希望这一节的内容能够开拓你的思路,增强你的技能,帮助你提升加微段位,赢得创造线上业绩的先机。

第 5 章 高效零售的战场:"线上 + 线下"的全域战场

◎ 小测验

请你把学到的内容整合起来,提出适合自己的高效加微公式。

_____

_____

朋友圈发圈策略

通过上一节的修炼,你提升了自己的加微段位,添加了新的目标顾客的微信,现在是时候好好研究一下朋友圈的发圈策略了。我们接下来学习如何通过朋友圈来获得顾客的信任和认同以提升业绩。

1. 发圈策略一:管理好发圈对象

发朋友圈的主要目的是让已经成为你的微信好友的顾客看到与他们相关的、能引发他们兴趣的信息。不是每一条朋友圈都需要让你的所有顾客看到。试想,如果每一位销售顾问都这么做,顾客就会每天被无数不相关的垃圾信息狂轰滥炸,他们一定会做出屏蔽甚至拉黑销售顾问的动作。

要做到让顾客在你的朋友圈看到与他们相关的、能引起他们兴趣的信息,你要做好发圈对象的管理。你要有步骤地对线上顾客进行群组管理：先建立顾客群组标签，把符合群组标签的顾客分到同一组，然后在发圈时选择与内容相关性高的群组，精准击中顾客的兴趣点，高效激发顾客需求。

举两个建议顾客群组标签的例子给你做参考。

- 可以按照 CRM 系统中的会员等级把顾客划分为不同的群组，比如：银卡会员组、金卡会员组、钻石会员组。在发布关于会员活动的朋友圈时，只选择与活动相关的群组，这样就不会打扰到与活动无关的顾客。
- 可以按照消费偏好把顾客划分为不同的群组，如"喜欢优惠囤货组""喜欢特定款组"（如新款、明星款、限定款等）"重服务不看价组"等。在发布不同产品或与活动相关的朋友圈时，有的放矢地选择群组。

◎ 小测验

现在，请你选择一个维度，把自己微信上的顾客划分为不同的群组。

_____

_____

这里需要强调一点：群组标签并不等于顾客标签。顾客标签反映的是每一位顾客的特点，千人千面，会更加个性化。顾客标签越细致，越个性化，越有助于与顾客的一对一沟通，增进与顾客之间的信任，增进和顾客之间的关系。群组标签则是无数个顾客标签中反映了某个顾客群体共性的标签，例如，年龄不同的顾客可能都喜欢在品牌推出优惠活动时囤货，性格不同的顾客可能都喜欢买明星款产品。只要你用心观察，就能在个性中找出共性，明确不同顾客群体的群组标签，会大大增强发朋友圈带来的业绩提升效果。

2. 发圈策略二：设计好发圈内容

朋友圈的内容可以分为日常打气型、新闻趣事型、品牌动态型、新品爆品型、会员活动型、顾客好评型、专业知识型等。无论哪一种内容，都需要你事先进行精心的设计。

我总结了一个可以创造出彩的朋友圈内容实用公式：

出彩的朋友圈＝吸引人的一句话标题＋突出三个重点的正文＋引发互动的一句话结尾

（1）吸引人的一句话标题。朋友圈的第一行字相当于标题，需要用关键词突出中心思想，让顾客一看到就被吸引，内心马上产生想要进一步了解的冲动。对于活动信息，一句话标题可以是："6·18巨超值囤货日活动""七夕古装动漫妆容情侣活动""时装周超模同款预售活动"等。一定要确保后面的正文内容与标题相匹配，否则就会成为被人讨厌的"标题党"。

（2）突出三个重点的正文。标题下面的正文不要长篇大论，顾客没有耐心看完大段的文字。建议你用排列的方式列出三个重点，可以适当地使用表情符号。请你回忆一下，无论你在朋友圈写了多少文字，感兴趣的顾客通过私信询问你的时候，你都需要把全部细节重新和顾客说一遍。因此，把你认为对顾客最有吸引力的三个重点内容写出来就足够了。

例如，"6·18巨超值囤货日活动"下面的正文可以这样写。

省钱：6月1日开始预售！

省钱：满299元返128元！

省钱：全线商品参加活动！

这条朋友圈一定是发给"喜欢优惠囤货组"的顾客看的，所以你可以用"省钱"作为统一的开头，列出该群组顾客最感兴趣的三个重点内容，然后准备好回复顾客的私信吧。

（3）引发互动的一句话结尾。朋友圈的结尾，尤其是与活动相关的朋友圈，一定要引发互动，既可以是一个问句，也可以是一个小游戏。在评论区引发回复和互动,能有效延长这一条内容在朋友圈的影响时效。

仍以"6·18 巨超值囤货日活动"为例,你可以这样写一句话结尾:"今天点赞的第 1 名、第 33 名、第 66 名、第 88 名,我会送出自己准备的神秘礼物哦。"

综上所述,这条很出彩的朋友圈是这样的。

6·18 巨超值囤货日活动

省钱:6 月 1 日开始预售!

省钱:满 299 元返 128 元!

省钱:全线商品参加活动!

今天点赞的第 1 名、第 33 名、第 66 名、第 88 名,我会送出自己准备的神秘礼物哦。

3. 发圈策略三:大爱与大忌

大爱就是高效发朋友圈该做的。

- 要定期更新,删除无效信息,如已经结束的活动、与当前主推品相似的商品等。
- 要有人情味,避免机械化的回复,不能像机器人一样。

- 征得顾客同意之后，才能发与顾客相关的照片和截图。
- 动静结合，视频和照片轮流发。
- "认真专业的你"（60%～70%）和"热爱生活的你"（30%～40%）这两类内容都要有，但要避免私人或敏感话题。

大忌就是高效发朋友圈不该做的。

- 每天发很多条朋友圈，不尊重顾客的时间。
- 不分时间段地发朋友圈。不要在顾客繁忙的时间段发朋友圈，比如对于上班族，工作日的上班时间不要发圈，周末一大早不要发圈；对于全职宝妈，平时的一早一晚不要发圈，周末不要发圈。
- 发朋友圈之后回复迟缓。不及时回复会严重影响导流和成交。
- 做没有附加价值的传声筒。如果只是简单地转发公司统一制作的内容，难以打动顾客，要针对顾客的特点"加点料"，更好地吸引顾客，激发他们的兴趣。

如果你在线上销售中好好实践这三条发圈策略，一定可以提高你的朋友圈的吸引力，让顾客通过朋友圈看到热爱生活的你和认真专业的你,进而对你产生认可和信任,给你带来更多的销售机会和更好的销售业绩。

线上顾客沟通攻略

你每天都会和线上顾客进行大量的沟通,要养成定期反思的习惯,去思考顾客是否喜欢自己的线上沟通方式,沟通效率够不够高,对自己的业绩有没有帮助。

这一节我们来学习线上顾客沟通攻略,我会从四个方面来展开,分别是线上沟通的雷区、线上顾客的标签、设置常用话术模板、线上沟通的优势场景。

1. 线上沟通的雷区

在做一件事情前,先了解其中可能存在的雷区,无疑可以帮助你做好准备、避免踩雷、减少损失,这也是提高效率的一种手段。

以下是我为大家总结的线上沟通的常见雷区。

- 发篇幅很长的、没有标点符号的大段文字。通常来说,发两三行文字比较合适,内容要清晰易懂。
- 发很长或很短的语音消息。适当地发送语音消息可以添加真实感和亲切感，但前提是你与顾客足够熟悉并且聊天的时机成熟了。

- 突然建群或拉人进群。这会让顾客的微信莫名其妙地出现一堆提示有新信息的小红点。

- 在顾客的朋友圈下方聊天。这会显得没有礼貌，还会让顾客的朋友圈不断出现新信息提示。

- 断断续续地与顾客沟通或长时间不回复。如果你无法避免这样的状况，一定要事先告知顾客，就好像在线下店铺中你不会让进店的顾客处于无人接待的状态一样。

- 给顾客很久以前发的朋友圈点赞。这会让顾客感到你在"调查"他，对你产生反感。

- 给顾客的每一条朋友圈点赞。这会让顾客觉得你是在例行公事。

- 未经允许把顾客的照片和信息发到朋友圈。就算顾客同意了，也要给私人信息或敏感信息打上马赛克。

在实际工作中还会有各式各样其他的雷区，避免雷区最好的办法就是强化一个意识：在线上与顾客沟通和在线下接待顾客的性质是一样的，都是销售工作内容的一部分，要杜绝随意性，时刻保持礼貌的态度和专业的形象。

2. 线上顾客的标签

顾客都喜欢定制化的服务，我建议你利用个人微信或企业微信作为在线记录顾客个性化标签的工具，及时录入顾客的个性化标签。在顾客信息发生变化后及时对顾客标签进行修改和更新，以便你在工作中能随时查找到有用的信息。

关于线上顾客的标签，我可以和你分享几个高效实用的技巧。

- 重要的 VIP 顾客可以星标置顶，这样可以保证你不会错过来自他们的重要信息。
- 在描述栏记录顾客的性格类型（参见第 4 章）、个人偏好（如每周的休息日、方便接电话的时间段、喜欢的颜色等）和雷区（如不喜欢的词汇、讨厌的颜色和数字等）。
- 征得顾客同意后，用顾客喜欢的照片作为聊天背景，这既能让顾客感到自己被重视又能体现你的专业和细心，还能时刻提醒你顾客的个性化喜好。
- 将顾客犹豫是否要购买的产品的照片上传到描述框，以便后续跟进。

给线上顾客制作标签要遵循两条实用原则：基础标签标

准化和个性标签创意化。你要做的就是利用线上软件的各种功能落实这两条实用原则,如软件特有的表情包、照片和视频编辑功能等,来提升与顾客沟通的效果,增进与顾客之间的关系。

3. 设置常用话术模板

在线上与顾客沟通时,在话术方面要做好一个关键动作:设置常用话术模板。做好这个关键动作,可以让你在有需要的时候拿来就用,而不是临时花时间、花精力去思考和编辑话术,从而大大提高线上的沟通效率,把时间花在更有价值的地方,如吸引新客或促进成交。这个道理与本书第2章的精髓是一致的,即通过高效运营赢得更多的时间去接待顾客和做生意。

你可以按照以下场景设置常用话术模板。

(1)第一次与顾客沟通时的欢迎语,例如,"您好,欢迎您来到专业音箱品牌×××的舞台,开启欣赏音乐的新世界,我是您的专属顾问×××,联系电话为××××××,随时在线为您提供服务"。

(2)与顾客沟通后的结束语,例如,"您的每一次关注和反馈都很重要,作为您的专属顾问,我随时准备为您提供优质服务"。

（3）顾客投诉时的安抚话术，例如，"我非常理解您现在的心情，请您放心，您反映的问题我会马上做好记录，报告主管，在××小时之内给您反馈"。

（4）顾客经常问的问题（如关于产品成分、价格、物流进度、发票、店铺地址等）的回复话术。

结合第 4 章的内容，你可以进一步针对不同性格类型的顾客，设置常用活动邀约话术模板。

- 针对老虎型（支配型）顾客的话术模板："尊敬的黑金卡会员，很抱歉打扰您。我是您的××品牌专属顾问×××，诚挚邀请您参加20××年×月×日下午××点的黑金会员沙龙活动。活动地点在××五星酒店×××，我们将配备专车接送您。本场活动仅设 20 个黑金会员席位。如果您决定参加，我会立刻帮您预订。"

- 针对孔雀型（外向型）顾客的话术模板："亲爱的××漂亮小姐姐，我是您的××品牌专属顾问×××。20××年×月×日我们将在××酒店举办盛大的彩妆盛宴，并邀请明星×××到场互动。当天场内新品均为全球首发限量产品！还有全球知名彩妆师现场帮您打造今年最潮妆容！现场还有您最喜欢的拍照打卡环节,您这么漂亮身材又好,到时候肯定艳压群芳!快带您的闺密一起来参加吧!"

- 针对考拉型(耐心型)顾客的话术模板:"××小姐姐,早上好!您上次买的×××,使用后感觉怎么样呢?之前教给您的使用手法熟练了吗?本月×日我们将举办会员节,我们会邀请护肤专家进行免费讲座,再次为您梳理一遍使用方法,同时有小礼品相赠。我会一直在柜台,您来了就可以看到我,等您哦!"

- 针对猫头鹰型(精准型)顾客的话术模板:"尊敬的××会员,您好!我是您的××品牌专属顾问×××。您的首次购物积分为2400分,仅差100分即可升级正式会员并兑换欢迎礼(内含××××××)。本周商场举办店庆活动,可叠加使用会员专享的'满1100元减150元'优惠券。同时,本店将举办'消费满1280元就送价值580元产品'活动,相当于享受7.8折价格,这是本年度到目前为止折扣力度最大的活动。如果您有兴趣,请告知您来店的具体时间,我会准时在店里等候您的到来!"

俗话说:"磨刀不误砍柴工。"设置好常用的线上沟通话术模板就是在"磨刀",你平时花时间把这件工作做好,"砍柴"的时候就可以事半功倍。

4. 线上沟通的优势场景

实现高效的线上顾客沟通,你需要知道如何在工作中利用线上沟通的优势,即在哪些工作场景中你应该优先选择与顾客进行线上沟通,然后再与线下场景进行有效的衔接。

下面是我归纳的能更好地发挥线上沟通优势的工作场景。

(1)与顾客沟通相关权益(如积分兑换、会员福利领取、会员等级提升等)时。你可以通过线上沟通及时提醒顾客兑换积分、领取会员福利、提升会员等级等。一定要为顾客提供专业的建议,而不是简单地传达信息,这样能够让顾客感受到你的价值,能体现你与其他销售顾问的区别,进而提高顾客到店的意愿度和成功率。

(2)为顾客提供持续和专业的售后服务时。你可以成为顾客的线上专属顾问,在线上实现售后服务。顾客有需求时,你可以随时提供专业周到的在线咨询服务,既省时又省力。你要学会利用照片和小视频提供内容和服务,如产品使用方法、产品保养方法、产品搭配指南等。

(3)控制顾客投诉的发生范围和影响程度时。

- 利用线上沟通能更及时响应的优势，尽可能把所有能通过线上沟通解决的顾客投诉在线上解决掉，避免顾客投诉在线下店铺发生。这样的话，就算顾客投诉转移到线下店铺，只需要在线下店铺做跟进和执行，而不是到线下店铺沟通和解决问题，从而把对线下店铺的生意的影响降到最低。

- 利用线上沟通能及时反馈的优势，在处理顾客投诉的过程中，及时在线上告知顾客事情的进展，展示相关照片和单据，让顾客知道有人在专门跟进，这样做可以避免顾客因为不清楚顾客投诉处理进度而产生更大的不满，引发二次投诉。

（4）需要及时并单独与顾客沟通时。你可以利用私聊功能与顾客单独沟通，避免在群里讨论而造成不必要的负面影响。当然，你要给顾客一个愿意私聊的理由，你可以这么说，"私聊不会打扰群里的其他顾客，我也可以更加深入地和您沟通，帮您解决问题。您可以把最终的沟通结果发到群里，请大家一起督促我"。

（5）发送定制化的嘘寒问暖时。在各种常见的节日向顾客发送祝福和问候已经司空见惯了，更好的做法是在一些小众的节日给顾客发去祝福和问候。更能体现品牌特色的做法是在品牌重要的纪念日给顾客发送祝福和问候,并告诉顾客之前购买的产品与这个纪念日的渊源,相当于再次赞美顾客的品位和眼光。更能增强顾客黏性的做法是在顾客重要的纪念日发去祝福和问候,如顾客家人生日、顾客公司成立日、顾客孩子毕业日等。

最后,我再送给你两条心法,每一次与线上顾客沟通前,请你默念这两条心法。

- 如果我是顾客,我会喜欢销售顾问这样和我沟通吗?
- 如果是在线下店铺,我会如何与顾客进行沟通呢?

以上是我总结的线上顾客沟通攻略,我希望以此抛砖引玉,启发你不断总结出更适合自己的与顾客高效在线沟通的方式。

驾驭"线上 + 线下"的全域战场

无论线上还是线下,顾客都是销售顾问的服务对象。本小节我将从顾客的视角出发,梳理一下线上和线下这两种消费场景的特点,让你更充分地理解整合线上线下的好处,思考如何利用这两种场景的互补之处驾驭"线上 + 线下"的全域战场。

线下店铺有三大优势，分别是即得性、体验性和连接性。

（1）即得性是指线下店铺可以立刻满足顾客的需求。这个优势被名创优品这家企业用到了极致。有一次，我在工作时，无线鼠标突然坏了。我当时必须继续工作，而我又很不习惯没有鼠标，于是我马上搜索离我最近的名创优品，15分钟内用20元就买到了一个无线鼠标，开始继续工作。这种情况下，我肯定不会去购物网站上买一个鼠标，然后等着几天后快递送到家。同样地，当你在家里做饭，突然发现没盐了，你一定会去离家最近的便利店买一包盐，而不会去购物网站上买盐。

（2）顾客可以在线下店铺中亲身体验品牌的产品和服务，这就是体验性。越高端、越昂贵的产品，顾客越希望得到亲身的感受和体验。在线下店铺中，顾客通过视觉和触觉去感受和体验一件衣服、一个手包、一双鞋子，通过嗅觉和味觉去感受和体验一瓶好酒和一壶好茶。每一位销售顾问都是品牌的大师，品牌文化最容易在线下店铺通过每一位品牌大使传达给顾客。现在，越来越多的品牌在线下店铺中提供沉浸式的购物体验，就是在不断地增强线下店铺的体验性。

（3）连接性是指顾客可以通过线下店铺与他人建立友好的关系。很多品牌在不同的城市中建立了会员社群，并定期举办内容丰富的会员活动，如室内的插花活动、品酒活动、闻香活动，以及户外的徒步活动、飞盘活动、瑜伽活动等。很多顾客在这些活动中找到了兴趣相投的伙伴，交到了新朋友，这就是连接性。线下店铺的连接性可以很好地满足顾客的社交需求和被尊重的需求。通过经营人与人之间的关系，线下店铺成了一个有温度的场所。

即得性、体验性和连接性是线下店铺不可取代的优势，是线下店铺会一直存在的理由，更是每一位零售人可以利用的机会点。

那么，线下店铺的短板是什么呢？是自由性和省时性。顾客无法随时随地进行购物，也无法足不出户就进行消费，必须花时间去店铺才能完成购物。你一定马上就发现了，这两点正是线上店铺的优势。不仅如此，线上店铺还有一个很大的优势——价格优势。这就组成了线上店铺的三个优势——自由性、省时性和价优性，它们满足了顾客随时购物、省时省力和降低成本的需求。

只要把线下店铺和线上店铺整合打通，驾驭"线上 + 线下"的全域战场，我们就能打造出一个能够全面满足顾客需求的无死角消费场景（见图 5-1）。当你能够熟练地在全域战场中自由出入，无缝衔接地为顾客提供服务的时候，就是你的业绩开始成倍增长的时候。

图 5-1 线上和线下的整合

从 2020 年开始,疫情给零售行业带来了巨大的影响,尤其是对线下店铺产生了极大的冲击。所有零售品牌都开始加速线上渠道的发展,寻找整合线上和线下渠道的创新手法。很多销售顾问都把自己锻炼成了直播达人,在线做直播已经成了零售人的必备技能和日常工作。

在未来的日子里,直播会变得越来越普遍,也许还会出现更多未知的变化。作为零售人,我们如何才能在这迅猛的变化中站稳脚跟、抓住机会,而不是盲目跟随、丢失效率呢?我希望通过上面对这两种消费场景特性的梳理,让大家看到满足顾客的需求是零售不变的本质,从顾客的视角出发永远是零售人思考的原点。驾驭"线上 + 线下"的全域战场只是从这样的本质和原点出发思考得出的结论之一,我们还可以继续思考和开展一系列的行动。

- 我们要思考什么样的产品适合在线上渠道销售。
- 我们要研究顾客的什么需求适合通过线下店铺去满足。

第 5 章 高效零售的战场："线上 + 线下"的全域战场

- 我们要明确什么时机是把顾客从线上引流到线下的最佳时机。
- 我们要清楚在什么阶段适合把顾客从线下转移到线上。
- 我们要琢磨怎么做能让直播对线下引流和业绩提升发挥更大的作用。

我总结了以下"三个加法"的行动方案。

- 第一个加法："**线上宣传 + 线下体验**"。利用照片和视频制作有冲击力的内容，在尽可能多的线上平台同时发布和传播，引发关注。强化自己在线下店铺的接待能力，为顾客提供卓越的体验。
- 第二个加法："**线上回购 + 线下新品**"。对于顾客一直在使用的常规产品，可以引导顾客更多地在线上完成回购；对于新品，则一定要邀请顾客到线下店铺进行体验。
- 第三个加法："**线上效率 + 线下温度**"。要发挥线上渠道省时省力的优势来提高工作效率，有一些工作在线上完成会更加准确和高效，如记录和创建顾客标签、创建顾客群组、查找顾客购买历史数据、跟进各类KPI、推送信息、顾客关系维护、计算顾客积分和会员等级等。工作效率提高了,你就可以把更多的精力和时间用于提升顾客在线下店铺的体验,把线下店铺的连接性做得更好,让顾客更深刻地感受到你的用心和真诚。

线上和线下协作共赢这个理念与整本书的高效零售的核心思想一脉相承。从零售的本质和顾客的角度切入进行深入思考,你可以挖掘出无数值得在零售工作中精耕细作的领地,进而实现销售快速成单、业绩成倍增长。

强化练习

1. 名字

取好名字的公式:

$$好名字 = 姓名 + 品牌 + 职业特长$$

你给自己取的好名字:____

_____

_____

_____

_____

别人取的好名字:

2. 个性签名（或个人简介）

好的个性签名（或个人简介）的特点：精简 + 专业 + 个性。
你给自己设计的个性签名:

别人设计的优秀的个性签名:

3. 请求加微时可以做出承诺

你邀请顾客加微时还会做出哪些承诺？

4. 找准时机

你认为还有哪些时机适合向顾客提出加微信请求？

5. 扩大范围

店外成功加微的正确方式：热心友好的群伙伴 + 特定领域的小专家。

你认为还有哪些地方可以找到目标客户群体？

6. 朋友圈文案

朋友圈文案出彩的实用公式：

出彩的朋友圈 = 吸引人的一句话标题 + 突出三个重点的正文 + 引发互动的一句话结尾

你自己设计的出彩的朋友圈文案：

别人设计的出彩的朋友圈文案：

7. 线上沟通的雷区

你触碰过哪些线上沟通的雷区？

你最需要注意避开的线上沟通的三个雷区是什么?

8. 总结和设置常用话术

第一次与顾客沟通时的欢迎语。

你的常用话术：

与顾客沟通后的结束语。

你的常用话术：

顾客投诉时的安抚话术。

你的常用话术：

顾客经常问的问题的回复（如关于产品成分、价格、物流进度、发票、店铺地址等的问题）。

你的常用话术：

9. 线上沟通心法

每一次与顾客线上沟通前默念**两条心法**：

- 如果我是顾客，我会喜欢销售顾问这样和我沟通吗？
- 如果是在线下店铺，我会如何与顾客进行沟通呢？

（1）假如你是顾客，店员对你说什么，会让你产生"我不想和这个店员说话了"的想法？

（2）有哪些原则是可以同时适用于线上和线下与顾客沟通场景的？

---

10. 线上线下高效协作的"三个加法"：

- 第一个加法——"线上宣传 + 线下体验"。
- 第二个加法——"线上回购 + 线下新品"。
- 第三个加法——"线上效率 + 线下温度"。

"第一个加法"适用于你店里的哪些产品？

_____

_____

_____

_____

"第二个加法"适用于你服务的哪些顾客？

_____

_____

_____

_____

"第三个加法"适用于你的哪些日常工作？

_____

_____

_____

_____

6

CHAPTER

第 6 章

成为销冠之后

Efficient Rules
of Top Sales

零售人的职业发展路径

"销冠"一词的英文全称是"top sales",相信绝大部分零售人都很熟悉这两个英文单词。无论你是已经成为销冠还是正在成为销冠的路上,我都建议你花点时间思考下成为销冠之后,下一步应该怎么发展。

这个问题似乎只有一个固定的答案,即店铺销售顾问的职业发展只会有一条上升通道,就是沿着零售管理的发展通道逐步晋升。虽然在不同的公司会出现不同的职位名称,但是这样的晋升过程大概都分为以下三个阶段。

第一个阶段:从普通销售顾问起步,经过担任资深销售顾问和店铺主管的历练,发展为店经理,开始管理一家店铺。

第二个阶段:从一家店铺的管理者起步,经过担任城市主管和城市经理的历练,发展为一个小区域的零售经理,开始管理该区域内的多家店铺。

第三个阶段:从小区域的零售经理起步,经过管理更大区域的零售业务的历练,有能力者发展为大区零售经理或者全国零售经理。

通常情况下,这是零售管理岗位在大多数公司的常规发展设置,也是大多数零售人的职业发展规划。然而,在充满不稳定性、不确定性、复杂性和模糊性的 VUCA 时代,这样的常规发展路径真的适合所有零售人吗?有没有其他方向的职业发展的可能性呢?

我在一个品牌公司担任全国零售总监时,就开始思考这个问题。因为我在带团队的过程中发现并不是每一位销冠都适合成为一位管理者,所以我开始尝试为店铺的销售顾问提供新的职业发展的可能性。我为当时的销冠提供了两条职业发展路径,一条是传统的零售管理的发展路径,另一条是更精和更深的专业发展路径。

销冠在大部分时间是一个单打独斗的角色,管理者则需要懂得如何带领一个团队达成目标,这两个角色所需要的能力是很不一样的,并不是每一位销冠都能够顺利完成这样的角色转变。有一些销冠甚至本身就没有成为管理者的意愿,他们只希望专心做好自己的事情,达成自己的业绩目标。他们对产品更感兴趣,对顾客关系更感兴趣,但是对店铺运营管理和人员管理不感兴趣。

面对这样的同事,如何提供平台让他们发挥自身优势?如何激励他们持续为店铺做出贡献?我尝试了一条新的发展路径,组建了当时在行业中都很前沿的销冠精英团队(expertise sales force),这个团队成员的工作内容如下。

- 平时在门店中做常规的销售工作，承担更高的业绩指标。同时，我设置了相匹配的奖金制度。

- 每个人每个月钻研一个产品系列和一个竞品品牌，成为团队中的行业专家和产品专家，通过自己的学习和总结，制定更高效的销售技巧和销售话术，并分享给同事。

- 担任店铺指定品类和产品系列的小老师，负责辅导店铺内的其他同事学习和掌握产品知识，在工作时进行现场跟进和辅导。

- 有重大活动的时候，这个团队的成员会和普通销售顾问两两组队，为品牌 VIP 顾客提供专业服务，确保重大活动的业绩产出。

在当时，这是一个很大胆的尝试，在执行过程中需要一直对相关细节进行调整和优化。这个尝试的结果是让人振奋的，进入这个团队的同事的反馈是十分积极和正面的，同时也让店铺的其他销售顾问看到了职业发展的更多可能性。后来，这个方案被人力资源部门采用并继续执行。

目前，有不少公司都在做类似的尝试，在门店中设置专家专员的职位来激励在销售方面有更多热情的员工。有些公司会为门店销售顾问提供成为零售培训师的职业发展路径。

在我看来，这也是一个很不错的发展选项。销售顾问有大量的实践经验，经过一定的专业培训后，能在销售现场为店铺同事提供辅导和跟进，会更容易让其他销售顾问产生共鸣。

因此，在成为门店销冠后，销售顾问有三个发展方向可选择。我总结了每个发展方向需要重点提升的能力。

- 零售管理方向：需要学习和增强管理能力。
- 专业进阶方向：需要升级相关的专业能力。
- 零售培训方向：需要学习培训辅导的能力。

问问自己，上面哪一个方向是自己喜欢和向往的？你可以根据自己目前的情况，提前对自己未来三年的职业发展进行规划。零售职业生涯的发展规划是一项长期任务，你可以按照每三年为一个阶段来进行规划。

在你之后的职业发展中，你可能还会在上面的三个发展方向之间进行转换，也许你先选择了专业进阶方向，在后来的发展中选择了零售管理方向；也许你先选择了零售培训方向，在后来的发展中选择了零售管理方向。以我自身为例，我先选择了零售管理方向，后来选择了零售培训方向。无论如何选择，最重要的是找到自己当下的热情所在，然后全力以赴地向着目标前进。

在接下来的小节中，我会分别为你说明选择不同的发展方向，你会面临的挑战和我建议的解决方案，希望可以帮助你充分了解每一个发展方向的全貌并提前做好准备。

选择零售管理方向，你需要做好什么准备

◎ 小测验

请你来想一想，如果你选择了零售管理方向，你会面临什么挑战？

_____

_____

你是不是会首先想到来自业绩的挑战？如果选择了零售管理方向，你需要对整个团队的业绩负责。你可能每天面临无数店铺运营管理的事项，如果有顾客来投诉，你要首当其冲；如果老板想了解店铺的具体细节，肯定先来问你；如果团队成员之间出现了状况，你要耐心调解。确实，在成为零售管理者之后，这些都是你会面临的场景，而且每一个场景都是一个不小的挑战。

我培养过不少零售管理者，见证了他们的起步和成长。总结下来，在真正进入零售管理这条道路后，最大的挑战是角色的转换，是从一个人单打独斗到带领团队作战的角色转

化。这种角色转换的挑战落实到具体的行为能力上就是对自己的团队管理能力的挑战。对于销冠来说,有时候这个挑战可能会更艰巨。

很多时候,一个店铺的销冠最有可能首先晋升成为店铺的管理者。如果主管没有提前安排配套的培训,销冠自己本身也没有做好充足的准备,那很容易出现以下这些状况。

- 没有分配工作的意识,像以前自己一个人干一样,包揽店铺的事情自己干。
- 不知道如何计划整个店铺的工作,东一榔头西一棒子地带着团队盲目干。
- 不懂得根据员工的特长和优势安排工作,导致安排下去的工作无法按质按量完成。
- 面对资深的员工缺乏自信,不知道用什么方式去沟通,也不好意思进行工作分配。
- 缺乏团队发展意识,认为带教团队成员是在浪费时间,宁肯自己把事情做完。

你可以想象一下,如果在店铺管理中出现上面这些状况,店铺的业绩必定会被影响。我曾经辅导的一个项目中,有一位零售经理就向我咨询关于销冠晋升为店长后遭遇困难的问题。这位零售经理负责的一家店铺的店长离职后,零售经理希望由这家店铺的销冠来担任店长。在和这位销冠沟通后，这位销冠表示愿意尝试，希望在自己的职业生涯中向前迈进一步。结果三个月之后，这位销冠找到零售经理，表示自己不适合做店长，希望继续做店铺的销售顾问。

我和这位零售经理一起去了解了在这三个月里这位销冠店长的工作状况。这位销冠店长说在过去的三个月里，她每天都有做不完的店铺事务，能用来做生意的时间越来越少，导致她自己的业绩目标无法完成，直接影响到了她的收入。店铺的业绩目标达成也不理想，店铺里销售顾问的收入也下降了，团队士气低落，有时还会有埋怨的声音。这位销冠的自信心下降了，她对自己的能力产生了怀疑。这样的经历让她觉得做店长很累很苦，还挣不到钱。因此她觉得还不如像以前一样做一个销售顾问。

我很能理解这个销冠店长的感受。在她成为店长前，没有经过针对性的培训，她自己对于将要面临的挑战也不清楚，因此当她在每天的工作中面对着上面列举出的这些状况时，会不知所措，时常处在焦虑、无助和困惑的情绪中。这样的状态对她本人的信心和团队的士气都是无益的，店铺的业绩达成肯定也不会好。

出现上面这些状况的根本原因是销冠缺乏管理意识，没有完成从销冠到店铺管理者的角色转换。如果你选择朝零售管理这个方向发展，我建议你做到以下两个明确，从这两个明确着手准备，让自己顺利地完成从一个人干到带团队干的角色转换。

首先，要明确变化，就是如果成为店长，你在工作中会面临的变化。你需要尽可能地列出在发生角色转换后，每天在工作中你会面临的各种变化，比如：

A. 复盘业绩的时候，不能只看自己的，要看整个店铺的，还要看团队其他成员的。

B. 每天用在店铺运营上的时间会比之前增加很多。

C. 每天自己做生意的时间会减少。

D. 老板有问题的时候，你需要直接面对老板回答问题（以前你可以间接面对或者不用面对）。

E. 你要直接和商场进行对接和沟通。

F. 你要直接和公司其他部门的同事进行对接和沟通。

G. 店铺同事有问题会直接找到你寻求帮助。

H. 面对顾客的时候，你代表着一家店铺，顾客会对你有更高的期望。

I. 让团队每个成员都拥有优秀的销售能力（以前你只需要完成自己的业绩，现在就算自己的销售能力再强，也不可能完成整个店铺的业绩）。

J. 要让团队成员之间形成良好的合作（以前自己干好就

可以了，现在你要让团队成员也干好）。

K. 自己干不好，会影响到团队每个人的收入（以前自己干不好，只影响自己的收入）。

以上这些变化，可以让你很清晰地认识到零售管理者需要承担更大的责任，需要付出更多的时间和精力。明确这些变化能够使你提前在思想上做好准备，避免变化出现时自己不知所措。

其次，要明确需要提升的能力。如果成为店长，你需要更高阶的工作能力去适应工作中的这些变化，让自己更好地胜任这个岗位。以下三点具体的能力，可以有效地帮助你胸有成竹地应对以上的变化。

第一，复盘和计划能力。这个能力可以帮助你应对上面变化中的A、B、C。如果你掌握了本书第2章"高效零售的基础：高效店务运营"的精髓，就一定能立刻理解：做好复盘和计划能够让你在行动前清晰地掌握目标和方向；在行动中把有限的时间花在最关键的事情上，做到事半功倍；在行动后及时地复盘总结可以在日后持续复制成功和避免踩雷。当你学以致用把第2章中的两个工具表格变成自己的工作习惯后，你已经为角色转变做好了一个重要的准备。

第二，全方位沟通能力。这个能力可以帮助你应对上面变化中的D、E、F、G、H。当你成为店长后，需要你直接进行对接和沟通的对象会成倍增加，客户的定义也不再仅仅是线上和线下的顾客了，你需要去面对更多的外部客户（如商场管理方）和内部客户（如你的团队成员）。你还需要与各种内外部合作伙伴（如跨部门合作同事、异业合作的合作伙伴）对接和沟通。因此你必须提高自己的沟通效率、沟通的精准性和沟通的及时性以实现高效的沟通。

当面对一个新的内外部客户或者合作伙伴的时候，如果你会使用本书第 4 章中的"望、问、闻、切"去判断对方的性格类型的话，说明你已经成功地把本书第 4 章中的性格类型识别原理和工具转化成为自己工作中的利器！我要好好祝贺你，这个利器一定能有的放矢地帮助你顺利地完成沟通任务。

第三，发展他人的能力。这个能力可以帮助你应对上面变化中的 I、J、K。

美国通用电气的传奇 CEO，也是世界著名的商业管理大师杰克·韦尔奇说过这样一句话：在你成为领导者以前，成功只和自己的成长有关；在你成为领导者以后，成功都和别人的成长有关。

从这句话中，我们不难看出培养他人、帮助团队成员成长是管理者的一个重要职责和使命。职位越高的管理者，越能够体会到这份职责和使命的分量。虽然店长是零售管理中最基础和最初阶的岗位,但是你要在做管理者的第一步就建立这个意识,提升自己培养他人成长的能力,让自己在零售管理这个方向上的发展道路越来越宽广。

在团队管理方面,我被问过最多的一个问题就是:如何管理团队中的年轻人?从店长到零售经理,这似乎都是一个让零售人头疼的问题。优秀的发展他人的能力可以解决这个问题。如果你拥有培养别人的意识和能力,在你培养团队成员的过程中,他们会找到自己擅长的事情,发挥自己的才干。你的团队成员,特别是年轻的团队成员能感受到自己的进步,看到自己在团队中的价值,这个问题就会迎刃而解了。

下面是我在带团队时,做过的帮助团队成员成长和体现他们价值的例子,希望能带给你启发。

- 我在团队中举行"优秀小作文"比赛,邀请每一位销售把自己最深刻的销售成功案例和挑战案例写成文章。通过仔细的批阅和评选,我选出了优秀的文章,编辑后印刷成册。团队的销售顾问都把这本册子视为来自公司的最高荣誉和对他们学习能力的最大认可。
- 我带领团队成员一起看画展、看话剧,一起学习品酒和阅读好书,通过这样的团建活动打开销售顾问的视野,打造团队的学习氛围,因为我相信每个人都希望明天的自己比今天的更优秀。

- 我给店铺里的每一位保洁阿姨都起了一个英文名字，并做成名牌让她们佩戴在胸前。保洁阿姨们第一次感受到了英语离自己这么近，真切地感受到品牌文化和团队的温暖，让她们真正地融入团队。
- 我把店铺保安这个职位改为销售助理，并和他们明确了销售助理的工作内容。在两周后，我收到了他们在下班时间自发完成的竞品分析报告，他们用实际行动展示了工作动力和工作价值。
- 我带领全体店铺员工学习简单的法语，在一个冬日的早晨，被店铺同事说出的一句"Bonjour"（意为"你好"）温暖和感动。

当团队的每一个成员都被培养和发展起来了，团队的士气一定是高昂的，团队的作战能力也一定是超强的！

总结一下，如果你选择了朝零售管理这个方向发展，你要抓住的关键点是顺利地完成从一个人单打独斗到带领团队作战的角色转换。我建议你先明确这样的转换会带来的变化，并从三个方面提升自己的能力来应对这样的变化，顺利完成角色转换。带领团队作战是一门值得深入探究的学问和艺术，希望以后有机会继续探讨。

选择专业进阶方向,你需要做好什么准备

🎯 小测验

请你来想一想,如果你选择了专业进阶方向,你会面临什么么挑战?

我在本章一开头提到过,并不是每一个销冠都希望沿着零售管理的发展路径成为一名零售管理者。有一些销冠的兴趣点不是如何带领一个团队取得胜利,而是如何通过提升自己的专业取得更好的业绩。这样的销冠愿意成为一个更优秀的个人贡献者,他们更愿意把时间和精力花在钻研产品知识、提升销售技巧和优化顾客关系上,他们希望成为更高阶的销冠。

我认识的一个珠宝品牌的销冠,她很喜欢研究高级珠宝,自己付学费去学习专业的宝石鉴定课程。为了能看懂国外的一些珠宝相关的资料,她还自学英语。她的这些努力让她的专业能力在整个团队中无人能及,她个人的高级珠宝的业绩在团队中也是一马当先。每当亚太区有大型的高级珠宝

活动时，她都会以高级珠宝销售专家的身份受邀出现，与当地的销售团队一起合作来完成业绩。这就是典型的往专业进阶方向发展的例子。

如果你也选择专业进阶方向，我建议你从以下三个方面提升自己的专业能力。

第一，专业知识方面的深入研究和探索。这种深入研究和探索的内容包括品牌历史的每一个细节和产品特性的每一个来龙去脉，你需要对所有的细枝末节和关键的重要信息都了如指掌。

我辅导过一个服装品牌的销售精英项目，来参加项目的都是全国各地的销冠。在介绍品牌的专业运动服装系列时，大部分销冠会知道这个系列的设计理念和产品特性。有一个销冠特别厉害，她不但能全面地说出产品的设计理念、产品特性和剪裁制作工艺，还能详细地介绍用来制作这个系列的三种专业的功能性面料。她能说出这三种专业的功能性面料分别来自不同国家的三个品牌，甚至连这三个服装面料公司的历史和明星产品的特性，她都能说得头头是道。

我对她的专业程度表示非常赞许和惊讶。她说因为这个服装系列的目标顾客是运动发烧友，对产品的专业度有很高的要求，会很注重服装面料的专业性，所以她就去钻研专业面料的细节，询问了生产部的同事，然后自己上网查了资料并进行了整理。这些专业信息让她在顾客面前非常自信，顾客对她的专业度也很认可，她很快成了这个系列的全国销冠。

我之前团队中的一个销冠对手表的机芯非常着迷，他能清楚地向顾客介绍机芯里面重要的零部件、不同大小的齿轮如何完美协作和复杂机芯的运作原理，他还经常去和维修技师讨教机芯知识。我认识的化妆品行业的销冠，对每个产品中的成分和这些成分的作用如数家珍。专业的香水品牌销冠对制造香水的原料、原料的产地、原料的培养和生长过程都可以娓娓道来。我还认识一位乐器销售大师，他对钢琴的构造、钢琴的原料选择、钢琴的制作过程都非常了解，而且他自己还弹得一手好琴。这些就是对专业知识进行深入研究和探索的好例子。

第二，提升对于行业发展和竞品动态的敏锐度。不能只在一个城市范围内了解行业的发展动态，要把你的视野扩大到一个省，扩大到整个中国甚至是全世界的范围。你需要主动了解和收集竞争品牌的信息和动态，要清楚竞争品牌的明星产品是什么、最新单品是什么、最新的代言人是谁、最近的品牌活动是什么，更要清楚竞品的明星产品为什么好、主要的宣传点是什么、竞品的哪一个产品和自己品牌的产品会形成竞争、两者之间的优劣势各是什么。

同时，随着新兴行业的发展，会出现很多以前意想不到的或者不存在的竞争品类和品牌，比如在某种程度上医美成为护肤品的竞品、代餐食品成为减肥药物的竞品、各种瓶装的茶饮料成为茶叶的竞品。提升你对行业发展和竞品动态的敏感度，也是在专业方面进阶的表现。

第三，在顾客关系管理方面的专业进阶，包括挖掘出顾客更深层次的需求和为顾客提供更直击人心的卓越体验。你可以继续使用本书第3章里的CEM模型及其运用原理，帮助你实现这个方面的专业进阶。

在顾客的全感官体验中，情绪来自顾客的内心，顾客在体验中产生的情绪直接影响到顾客的购买决定。对于情绪的进一步了解和学习可以帮助你更好地满足顾客的期待。什么样的环境和氛围能让人产生愉悦的情绪？什么样的语言和行为会让人产生不好的情绪？如果你希望顾客在店铺产生特定的情绪，那你要说什么？要做什么？

你希望顾客开心，然而不同的顾客会因为不同的原因而感到开心，可能会因为惊喜而开心、会因为满意而开心、会因为感动而开心、会因为被赞美而开心，去了解这些开心背后的原因就是你可以去提升的。

在我以往的经历中，我曾经在全城都休息的星期日，走遍了巴黎的大街小巷，苦苦搜寻 VIP 顾客指定的洗发护发用品；我曾经为第一次来到上海，为问路而进入店铺的外地顾客预订机票和寻找酒店，最终他们购买了当时店里最贵的一件商品来感谢我对他们的帮助；我曾经让一位热爱 F1 比赛的顾客见到了他心目中的偶像车手，和顾客建立了一直保持到现在的朋友关系。能做到这些，就是源于我对顾客需求的深入挖掘。

我最近在一家著名的洋酒精品店中经历了一连串直击人心的体验。这种体验在精品店铺的店门口就拉开了序幕。因为疫情的关系，几乎每一家店铺门口都放有免洗的消毒洗手液供顾客使用。这家洋酒精品店在顾客使用完消毒洗手液之后，会马上为顾客提供一款知名品牌的护手霜。这个举措让我和朋友们十分惊喜。

带着惊喜的心情坐下后，销售顾问开始为我和朋友们介绍店里的各款明星鸡尾酒产品。这个销售顾问的介绍相当专业，从每一款鸡尾酒的名字开始，到每一款鸡尾酒的设计灵感、每一款鸡尾酒的呈现方式、每一款鸡尾酒使用的容器，甚至连喝鸡尾酒用的吸管和放进鸡尾酒里的冰块都有特别的介绍，我们惊喜的感受就在销售顾问的介绍中此起彼伏。之后我们各自选择的鸡尾酒被很有仪式感地呈现在我们面前，我和朋友们又是一连串的惊叹和赞美。我和朋友们很满足地品尝着各自的鸡尾酒，开始计划下一次来这家店的时间了。

若你能挖掘到顾客更深入的需求，你就可以为顾客提供更直击人心的卓越体验。你可以把顾客的体验环节细化，从细微之处为顾客提供独特的卓越体验，来创造出四两拨千斤的效果，实现在顾客关系管理方面的进阶。

从上面这些案例中，你应该可以明确专业进阶的含义和需要提升哪些相对应的能力了。如果你决定选择这个方向，那就开始认真准备吧。

选择零售培训方向，你需要做好什么准备

◎ 小测验

请你来想一想，如果你选择了零售培训方向，你会面临什么挑战？

如果选择零售培训方向，你是不是会马上想到，工作中没有业绩指标了。零售培训老师通常是一个人奔波在不同的店铺工作，短期内也不会有带团队的困扰。那么零售培训老

师会有什么挑战呢?

我们先来了解一下零售培训岗位的概念。通常情况下,零售培训岗位会具体分为两种,一种是在一线店铺为店铺销售顾问提供现场辅导和带教的岗位,就是我们常说的现场辅导老师,另外一种是在公司培训总部制作课件和实施培训的岗位,我们称为零售培训讲师。无论是哪一个岗位,现在越来越多的公司都更喜欢有一线销售工作背景的人选转岗成为这两个岗位的员工,特别是现场辅导老师,如果没有在店铺的销售工作经验,是完全无法胜任的。

有过一线销售经验的零售培训老师,非常清楚来自业绩指标的压力,能够设身处地理解店铺销售顾问的心情。我经常看到零售培训老师们因为店铺业绩不佳而焦虑不安。所以业绩指标的压力对于零售培训老师来说并没有消失,只是从直接的压力变成了间接的压力。

优秀的零售培训老师会赢得店铺销售顾问的信任,店铺销售们会愿意和零售培训老师吐露真实的心声,诉说自己的酸甜苦辣。从这个角度来说,零售培训老师可以成为店铺的融合剂,把自己的专业转变为影响力,帮助店铺团队成员相互理解,开展更好的团队合作。

那么如果选择零售培训方向,需要学习和提升哪些方面的能力呢?

首先,要学习带教能力,这是零售培训岗位非常核心的一个能力。你要明白你自己会做一件事情,并不代表你知道如何教会别人做好这件事情,也就是说你能成功地卖掉一个产品,并不代表你能够教会新来的同事卖掉一个同样的产品;你可以成功地把一个外地游客转化成为一个新客,并不代表你能教会你的同事也把一个外地游客转化成为一个新客。

带教能力是指你教会一个人使用某种方法或者技术去完成一件事情的能力。对于销冠来说,这是一个新技能,需要花时间进行认真和系统的学习,公司通常都会为零售培训老师安排相关的培训。在我的经验中,好的老师会因材施教,会根据学员的性格特征,用最适合学员的方式来实施带教。本书第 4 章中的性格类型的判断原理是一个强有力的工具,能帮助你提升因材施教的带教能力。

其次,要提升反馈技能。在培训和辅导中,及时高效的反馈能力是必不可少的。选择了零售培训方向后,你需要学习在不同场景下相对应的反馈技术。学员做得好的时候,你应该如何进行回应;学员做得不好的时候,你又应该怎么反馈。反馈做得好不好,会直接影响销售顾问后续的行为表现,进而影响到他们的业绩。我见过反馈技术不扎实的培训老师,对于学员好的行为,一味地进行不具体的表扬,错失了鼓励和激发学员再创佳绩的机会；对于学员不好的行为，会用情绪化的问责取代客观的询问和分析，让学员产生排斥的情绪，导致无功而返。

最后，要提升使用电脑软件的技能。这一点对于在公司总部的零售培训讲师来说更为重要。PowerPoint这个软件是零售培训老师在工作中每天要使用的工具，你如果选择了零售培训这个方向，就必须好好学习和掌握这个工具。用这个软件工具把你想要表达的内容整理和输出，和学员进行有效的带教互动。我还建议你去学习制作思维导图的软件，把带教的内容有结构和有逻辑地展示出来，这样不但能够提高自己的逻辑思维能力，还能帮助学员更直观地了解全局和进行分步骤学习。

我相信你从以上三个方面已经了解到了选择零售培训方向将会面对的挑战和需要做好的准备。零售培训这个发展方向对于销冠来说是一个看似跨领域，其实息息相关的选项。之前在销售方面积累的点点滴滴都是做这个选项的基石，我自己本身的职业发展就是选择零售培训方向的一个成功案例。如果你像我一样，喜欢在新跑道上尝试挑战，那就让自己做好上面这些准备，勇敢地进行选择吧！

强化练习

你培养了别人,自己可以收获什么?

你能写出多少个和高兴相同的情绪?

你能写多少个和难过相同的情绪?

当你发现别人有好的行为时,你会怎么和对方进行反馈?

当你发现别人做得不够好时,你会怎么和对方进行反馈?

Efficient Rules of Top Sales | 后记 |

在写作本书的过程中，我有机会完整地回顾和盘点了自己的零售职业生涯。无数过往的零售工作场景如同电影一样，一幕一幕地在我的脑海中放映，每一幕都如此熟悉，好像就发生在昨天。

从我开始做零售的第一天起，我从来没有计划过有一天会在讲台上给销售顾问上课，更没有想到有一天我会把自己在这个行业多年的经历和经验总结成书，以这样的方式和你相识。写一本书，从来都不在我的人生计划和待办事项中，但它就这么水到渠成、自然而然地发生了。我从一开始抱着尝试的心态去探索和学习如何写一本书，到最后充满信心、全力以赴地写出这本书，这个过程和你在瞬息万变的零售工作中遇到新事物后，从探索到掌握的过程如出一辙。

我曾经的团队成员和我认识的零售顾问，有的从店员成长为店长，有的从店长晋升为零售经理，有的从实习生转变为成熟的职场人，有的从零售经理转型为互联网创业者，有的从刚开始接待顾客时紧张得说不出话，到后来与顾客相对而坐、侃侃而谈，有的因为自己的专业能力，代表门店参加全国销售竞赛，或者代表中国团队到国外总部参加比赛和领奖……他们通过勤奋和努力实现了自己大大小小的愿望，也许是与爱人的一次旅行，也许是一个心仪的包包，也许是送给孩子的一次夏令营，也许是一套舒适的住房，也许是一次职位的晋升。

我在前言里说过，在当下的"泛零售"时代，零售行业的范围已经远远超出了传统的定义。在经历电商崛起的慌张和彷徨后，在拥抱线上渠道的各种新变化后，零售行业的边界在无限地扩展，变得更丰富、更多彩，充满了无数可能性。这绝对是一片可以让你大展拳脚和施展才华的天地，每一位零售人都应该好好抓住这样的机会。

近几年，我开展了培养年轻零售人才的项目，深深地体会到高校内面临毕业的学生们对零售工作不正确的认知和解读。这些其实是源于整个社会对零售这份工作肤浅的了解和片面的理解。当一个明明非常有行业天赋和发展潜质的好苗子，因为这些肤浅片面的舆论导向和社会压力离开这个行业时，我心中感到无比的遗憾和惋惜。

我诚挚地邀请对零售行业和店铺销售感兴趣和有好奇心的年轻人，特别是在寻找个人定位和工作方向的年轻人来阅读本书，在书中你能够零距离地了解零售行业，看到真实还原的零售工作场景，你会拥有充足的信息去为自己做出明智的判断和决定。如果你相信自己适合这个行业，通过自己持续的勤奋和努力，这个行业一定会还你以精彩绝伦的高光时刻！

零售行业中的机会永远都存在，零售人才也一直都是稀缺资源，只要有正确的态度并持续努力，每一位零售人都可以在这个舞台上不断提升能力，实现自己的人生价值。请好好在零售这个宽广的舞台上挥洒热情，展示自己，创造价值，实现梦想吧！

| 致谢 | Efficient Rules of Top Sales

把写书这个事情从天方夜谭变成现实，我要衷心地感谢在完成本书的过程中给予我信心和鼓励的每一位。

感谢机械工业出版社的领导和各位编辑伙伴。

感谢我的公司领导马洁敏女士，您用您的开明和智慧给予了我重要的心理支持，并为我写了推荐序，让我深深感受到您在成就员工发展方面的高度和温度。

感谢为我写推荐序的高峰先生，您是我亦师亦友的前辈，感谢您在我出书过程中不遗余力地帮助我。您给予我的肯定对我来说是莫大的鼓励，您对"高效"二字的认同更让

致 谢

我坚定了写书的初衷。

感谢振杰，谢谢你把《天才捕手》这部动人的电影推荐给我，鼓励我从零开始一点一滴地建立写作的信心，一次又一次地打消我的自我怀疑，耐心地帮助我在一个全新的领域建立了新维度的自信。这很令人兴奋。

感谢一位特别的挚友，李欣宇女士，你是这本书的原点，你让我看到了这件事情的可能性，你的身体力行给了我至关重要的起始动力。

感谢给我写推荐语的各位资深专家与多年好友，你们对本书诚挚中肯的推荐让我充满信心，坚信本书的内容一定能让广大的零售人受益，进而在零售岗位上收获认可和成就。

感谢我的朋友，象上品牌设计的毛木设计师，为本书的书封设计贡献了视觉创意。

感谢我的闺密们，Monica 和晋漪，你们在这个过程中一直不断地鼓励我，给我的样稿提出积极的建设性反馈，晋漪还为本书提供了原创的手绘图。

感谢我的家人，除了鼓励，你们给予了我很多温暖的力量。我的爸妈时常叮嘱我注意用眼时间，儿子会鼓励我好好写书，也会在我忘了在电脑上保存稿件时替我急得团团转。家人们都在努力把自己照顾好，让我能够专心写书，这对我来说是最温暖的支持。

感谢在零售行业中一路走来,帮助和鼓励我成长的上级、同事和朋友,是你们在不同阶段的鼎力支持让我前行到了今天的坐标,成为今天的自己。

最后要认真地感谢一下自己,感谢自己一直满怀好奇心,敢于拥抱不确定性,在全新的领域无所畏惧地探索;感谢自己一直坚持的原则和信念:寻找自己的热爱,并全力以赴地追逐目标;感谢自己又通过一次新的尝试,为自己带来了一个崭新的人生惊喜。我将继续保持热情,奔赴热爱,不辜负自己,不辜负每一位帮助和支持我的家人和好友。

最新版
"日本经营之圣"稻盛和夫经营学系列
任正非、张瑞敏、孙正义、俞敏洪、陈春花、杨国安 联袂推荐

序号	书号	书名	作者
1	9787111635574	干法	【日】稻盛和夫
2	9787111590095	干法（口袋版）	【日】稻盛和夫
3	9787111599531	干法（图解版）	【日】稻盛和夫
4	9787111498247	干法（精装）	【日】稻盛和夫
5	9787111470250	领导者的资质	【日】稻盛和夫
6	9787111634386	领导者的资质（口袋版）	【日】稻盛和夫
7	9787111502197	阿米巴经营（实战篇）	【日】森田直行
8	9787111489146	调动员工积极性的七个关键	【日】稻盛和夫
9	9787111546382	敬天爱人：从零开始的挑战	【日】稻盛和夫
10	9787111542964	匠人匠心：愚直的坚持	【日】稻盛和夫 山中伸弥
11	9787111572121	稻盛和夫谈经营：创造高收益与商业拓展	【日】稻盛和夫
12	9787111572138	稻盛和夫谈经营：人才培养与企业传承	【日】稻盛和夫
13	9787111590934	稻盛和夫经营学	【日】稻盛和夫
14	9787111631576	稻盛和夫经营学（口袋版）	【日】稻盛和夫
15	9787111596363	稻盛和夫哲学精要	【日】稻盛和夫
16	9787111593034	稻盛哲学为什么激励人：擅用脑科学，带出好团队	【日】岩崎一郎
17	9787111510215	拯救人类的哲学	【日】稻盛和夫 梅原猛
18	9787111642619	六项精进实践	【日】村田忠嗣
19	9787111616856	经营十二条实践	【日】村田忠嗣
20	9787111679622	会计七原则实践	【日】村田忠嗣
21	9787111666547	信任员工：用爱经营，构筑信赖的伙伴关系	【日】宫田博文
22	9787111639992	与万物共生：低碳社会的发展观	【日】稻盛和夫
23	9787111660767	与自然和谐：低碳社会的环境观	【日】稻盛和夫
24	9787111705710	稻盛和夫如是说	【日】稻盛和夫
25	9787111718208	哲学之刀：稻盛和夫笔下的"新日本 新经营"	【日】稻盛和夫

推荐阅读

读懂未来 10 年前沿趋势

一本书读懂碳中和
安永碳中和课题组 著
ISBN：978-7-111-68834-1

双重冲击：大国博弈的未来与未来的世界经济
李晓 著
ISBN：978-7-111-70154-5

元宇宙超入门
方军 著
ISBN：978-7-111-70137-8

量子经济：如何开启后数字化时代
安德斯·因赛特 著
ISBN：978-7-111-66531-1